简单有趣的
金融数学

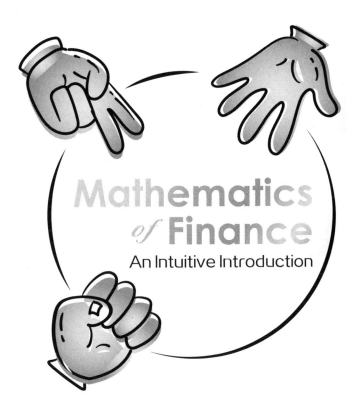

(美) 唐纳德·G.萨利 (Donald G. Saari) 著
李玲芳 陈实 译

机械工业出版社
CHINA MACHINE PRESS

本书通过简单易懂的语言和好玩有趣的故事阐释了金融数学中的核心概念和方法，以打赌的例子引出金融学中关于不确定性及套利的概念，然后进一步介绍了现代金融中常用的对冲工具——期权及其背后的数学原理；通过数学建模揭示"有效市场理论"背后的深层机理，进而引出经典的布莱克-斯科尔斯期权定价模型，并进一步介绍了其解法以及衍生变化。本书还介绍了其他金融产品的数理模型，如债券、股息等。

不同于以数学公式和推导为主的金融数学类图书，本书通过大量浅显易懂的例子让读者先理解复杂金融产品背后的设计原理，再介绍相关的数学知识，帮助读者进一步了解和掌握金融背后的数理逻辑，**培养读者的数学直觉**。书中的配套练习，可供读者进行相关训练。本书既可作为本科生金融数学的教材，同时也可作为对金融数学感兴趣人群的科普读本。

First published in English under the title
Mathematics of Finance: An Intuitive Introduction
by Donald G. Saari, edition: 1
Copyright © Springer International Publishing Switzerland, 2019
This edition has been translated and published under licence from
Springer Nature Switzerland AG.
Springer Nature Switzerland AG takes no responsibility and shall not be made liable
for the accuracy of the translation.
北京市版权局著作权合同登记 图字：01-2020-3379 号。

图书在版编目（CIP）数据

简单有趣的金融数学/（美）唐纳德·G.萨利（Donald G. Saari）著；李玲芳，陈实译.—北京：机械工业出版社，2021.12（2025.5 重印）
书名原文：Mathematics of Finance: An Intuitive Introduction
ISBN 978-7-111-69843-2

Ⅰ.①简… Ⅱ.①唐…②李…③陈… Ⅲ.①金融-经济数学-通俗读物 Ⅳ.①F830-49

中国版本图书馆 CIP 数据核字（2021）第 264685 号

机械工业出版社（北京市百万庄大街 22 号　邮政编码 100037）
策划编辑：朱鹤楼　责任编辑：朱鹤楼　马新娟
责任校对：李　伟　责任印制：李　昂
北京联兴盛业印刷股份有限公司印刷
2025 年 5 月第 1 版第 5 次印刷
158mm×235mm・12.25 印张・1 插页・155 千字
标准书号：978-7-111-69843-2
定价：68.00 元

电话服务	网络服务
客服电话：010-88361066	机 工 官 网：www.cmpbook.com
010-88379833	机 工 官 博：weibo.com/cmp1952
010-68326294	金 书 网：www.golden-book.com
封底无防伪标均为盗版	机工教育服务网：www.cmpedu.com

重磅推荐

《简单有趣的金融数学》的作者和译者都非常优秀。作者萨利教授是在世界范围内广受敬仰的学者，而两位译者都是受萨利教授亲自指导的弟子。其中李玲芳教授是资深的学者专家，而陈实先生是在中美两国都有多年金融从业经历的基金经理，相信这样的组合可以最大限度地将萨利教授的智慧从专业性和实践性两个方面完整地呈现给读者。

林晨　香港大学经济与工商管理学院副院长、金融财务学讲席教授

《简单有趣的金融数学》的作者萨利教授是美国三院院士。他同时作为数学家、经济学家和天体力学专家的传奇经历不禁让人对他思考与看待问题的习惯与方式产生好奇。读者在阅读本书各种巧妙与有趣的事例来学习金融知识之余，不妨同时试着领略萨利教授看待问题与众不同的思路与角度，一定会受益良多。

蒋肖虹　复旦大学管理学院金融与财务学系教授、系主任

《简单有趣的金融数学》这本书如其名，将复杂金融产品背后的设计原理与相关的数学知识以深入浅出、简单直白的方式娓娓道来，着重阐述金融产品背后的数理逻辑，培养读者的金融学和数学的直觉，而非强调数学技巧。我与两位译者相识多年，相信他们在学界和投资业界的专业度能帮助读者更好地理解该书的内容。因此，对于任何金融从业人员，以及对金融感兴趣的大众读者而言，本书都是值得一读的精品佳作。

罗文杰　南方基金指数投资部总经理

金融数学可以帮助我们理解大量金融市场现象，而《简单有趣的金融数学》的作者和译者帮助金融行业从业人员理解金融投资中常用的数学工具。我相信这本书会成为投资者在金融市场中不可或缺的良友和智囊。

师华鹏　天风证券机构投顾总部总经理

中文版序

A true reward from teaching is observing the growth and success of students. In this course on the mathematics of finance, many students were introduced to the topic and went on to develop strong careers. For this reason, I am delighted to have this book translated. My hope is that, by making the material more widely available, it will be beneficial to many others.

Translating is a difficult job, and so I definitely want to thank the translators, Professor Li from Fudan University and Mr. Chen from Shanghai Jade Stone Investment Management Co., Ltd., for making this material available! Of interest is that when Professor Li was a graduate student, she helped in the teaching of this course.

Donald G. Saari
Irvine, California

教学的真正收获在于见证学生的成长和成功。有许多学生在学习这门金融数学课程的过程中被吸引到这个方向,从而在该方向上继续发展并且在事业上也颇有建树。为此,我很高兴看到这本书被翻译成中文。

希望这些课程内容能在更广的范围内得到传播，让更多人受益。

翻译是一件费力的事情，非常感谢本书的译者：复旦大学李玲芳教授和上海谦璞投资管理有限公司创始人、总经理陈实先生。感谢他们让这本书能被更多的人读到！有意思的是，当李玲芳教授还是一名博士研究生时，她就协助过这门课程的教学。

唐纳德·G. 萨利
加州尔湾

译者序

萨利（*Donald G. Saari*）教授是我在加州大学尔湾分校（University of California, Irvine）攻读博士学位期间的导师，也是陈实（本书的另一位译者）的授课老师。我们俩作为他的学生，十分受益于他风趣的教学风格和严谨的治学态度。因此，能翻译萨利教授的著作，我们感到万分荣幸！

萨利教授是美国科学院院士、美国艺术与科学院院士、美国科学促进会院士、古根海姆学者奖获得者。他曾担任多家动态系统分析学、经济学、决策分析学等方面学术期刊的编委会委员，是美国国家科学研究委员会（NRC）数学科学委员会的前任主席、国际知名期刊 *Bulletin of the American Mathematical Society* 的前任主编。

他于 1967 年获得普渡大学数学系博士学位，2002 年被普渡大学授予杰出校友奖，在美国西北大学（Northwestern University）退休后来到加州大学尔湾分校担任经济系和数学系双聘资深教授、数理行为科学研究所（Institute for Mathematical Behavioral Sciences）所长。他曾获美国数学协会 Allendoerfer 奖、查文尼特奖（Chauvenet Prize）、福特奖（Lester R. Ford Awards）。

萨利教授是个数学界的奇才，他的研究方向横跨数学、天体力学和经济学三个学科。迄今为止，萨利教授编写了关于公共社会选择、动态系统、进化博弈论和天体力学方面的十余本专著，发表了近 200 篇论文，1980 年以来，已受邀为世界各地的高校进行了 500 多场讲座，在国际学界享有很高的声誉。

在教金融数学这门课程时，萨利教授认为数学公式和逻辑推演的终极目标是解决金融问题，而不是为了炫技而炫技。然而，能用直白的语言、生动的范例直击复杂数学问题的本质，往往需要对问题本质的深刻理解，对分析过程的准确把握和精心的授课设计。

尽管萨利教授的数学功底深厚无比，他仍然坚持这样的治学和教学理念：学者和老师最重要的是**影响人们的思考方式**（influence the way of thinking），而不是通过数学炫技来给人留下深刻印象（impress others）。因此，他的研究和教学都是从这个初心出发，尽量用简单易懂的方式来阐明逻辑和进行推演。比如，他上课的时候并非罗列一堆复杂的公式，而是先通过一些生动的故事和场景来引导大家理解问题的本质，进而一步步将问题用数学语言推演出来。又如，他研究社会选择（social choice）问题时，创新性地避开了之前所有文献举反例的证明方法，用几何证明的方式来直接证明（direct proof）诺贝尔经济学奖获得者肯尼斯·约瑟夫·阿罗（Kenneth J. Arrow）的社会选择不可能定理。

萨利教授的思想理念深刻影响了他的学生，让作为学生的我们受益良多。我通过类似的几何证明的方法完成了对另一位诺贝尔经济学奖获得者阿马蒂亚·森（Amartya Sen）的帕累托自由不可能性定理的直接证明，并在他的指导下发表了我学术生涯中的第一篇英文期刊论文。尽管我的研究方向逐渐转向数字经济和行为经济，但是我一直把萨利教授**"影响人们的思考方式"**的教导铭记于心。

在我读博士期间担任萨利教授金融数学课程的助教时，当时正在南加州大学（University of Southern California）读数理金融研究生的陈实每周开车从洛杉矶来尔湾旁听萨利教授的课程，并且完成作业和参加课程考试。现在他在国内创办了私募证券投资基金（上海谦璞投资管理有限公司）。他表示当时萨利教授的很多思想对现在的投资决策很有帮助。彼时班上的几个本科生在听课期间受到萨利教授的启发，自己组织投资俱乐部，并在毕业之后纷纷走上金融投资的职业道路。在阅读本书的过程中，读者也能对萨利教授深邃的思想和简单有趣的叙述风格探知一二。比如，本书用生活中常见的打赌游戏来引出金融学中不确定性及套利的概念，并进一步介绍了现代金融中常用的对冲工具：期权，及其背后的数学原理。又如，本书通过数学建模揭示"有效市场理论"背后的深层机理，引出诺贝尔经济学奖得主创造出的经典布莱克-斯科尔斯期权定价模型（Black-Scholes Option Pricing Model），并进一步介绍了其解法以及衍生变化。本书还介绍了其他金融产品的数理模型，如美式期权和债券等。

本书既适合作为本科生金融数学的教材，又适合作为对金融数学感兴趣的大众读者的科普读本。书中每章都会刻意留出停顿的地方，让读者回味数学背后的金融直觉（intuition）。此外，每章的末尾都提供配套练习，可帮助读者进一步加深理解相关知识。

最后，十分感谢机械工业出版社的陈海娟副社长和朱鹤楼老师的大力支持，也非常感谢马成虎老师、徐薇、张子毸、郭琪、张舒辰同学以及谦璞投资的王天文为翻译本书提供的帮助！我们也特别感谢美国西北大学数学系讲席教授夏志宏（Jeff Xia）教授及奥克拉荷马大学的 Junying Zhao 老师对本书校译工作的大力支持和鼓励！

萨利教授对知识的条分缕析让上过他的课的同学兴趣盎然，让我们不再畏惧那些冰冷的希腊字母和数学符号，反而感受到数学的美，让我们在后续的科学研究和金融投资实践中获益良多。因此，我们十分想将萨利教授这种用简单有趣的方式来分析复杂金融数学问题的思想，带给习惯阅读中文的读者，从而让更多的人受益！

如果读者发现翻译中的任何问题，欢迎和我们联系，我们将在后续版本中进行修正。

李玲芳

复旦大学管理学院应用经济学系副主任、教授、博导

陈 实

上海谦璞投资管理有限公司创始人、CEO、基金经理

导　言

当初写这本书的动力来自我与那些即将进入金融领域的数学和经济学本科毕业生的交流。即将从事金融行业的他们是从哪里接受相关培训的呢？当时，美国西北大学还没有相关的本科课程。因此，在与金融系和经济系的同事讨论之后，我决定为数学系开设一门课程。

从选修过这门课程的学生的反馈来看，比如获得的工作机会和看待知识的新视角，我认为这样的课程应该在绝大部分高等院校的数学专业本科阶段开设。此外，这本书也旨在帮助读者掌握基础知识。它既适用于学生，也适用于那些想要教授这门课程但苦于没有金融数学相关背景的教师。曾经选修这门课的学生的专业分布比较均衡，其中大约一半是数学专业的学生，另一半是数学能力较强的来自经济学和其他学科（如工程学等）的学生。在我搬到气候更宜人的加州大学尔湾分校后，我对本书内容进行了修订，以使其适应更大的班级规模。

本课程主要满足以下几个需求：

（1）作为顶点课程（Capstone Course）。学生在本科阶段学习了相当多的数学知识，但许多人并不能理解这些知识之间是怎样联系起来的，怎样使用这些知识，以及这些知识与他们的未来有什么联系。甚至，很多人要么忘记了基本概念，要么从未在掌握技术性的细节之外发现数学那些十分有趣的魅力。

例如，我们经常发现学生将泰勒级数仅仅看作一个次要的知识点或对无穷级数的一种解释而不予重视。在学习过程中，他们也进行了大量的练习，但在实际运用中，却不记得这个强大的数学工具只需要用到有限的项数来表达。此外，很多人不记得如何为多个变量进行泰勒级数的展开。课堂上其实都教过这些内容，但一部分（不是全部）学生却记不起来了。

因此，与其**认为**学生能回忆起以前课程的内容（包括概率和统计的基本概念），不如帮他们快速回顾一下相关内容，并将重点放在这些内容的运用上。这**不是**一门关于这些学科的课程，所以这里只进行简单直观的回顾，而不是详细的、严密的阐述。这门金融数学课程的一个很好的特点是它包含并应用了大量的数学概念，这就解释了为什么这门课程成了那些对金融有一点好奇心的、以数学系和经济系为主的本科生的顶点课程。

（2）作为入门课程（Introduction）。本门课程的主要目的是向学生介绍金融数学的基础知识。大多数人对这个领域一无所知，所以这本书从基础知识着手，然后再转向更复杂的内容。课程所授内容旨在提供对基础金融知识的数理解释，并强调**为什么**某些方程和概念意义非凡，以及它们真正的含义。

在一些课程中经常会出现这样的情况，比如直接给出布莱克-斯科尔斯（Black-Scholes）方程的解，但没有解释这些项从何而来，为什么要放入这些项，以及这些项的含义是什么。理解这些内容的一种方法是仔细求解布莱克-斯科尔斯方程，但是当这门受欢迎的课程吸引了大约200名学生时，由于时间限制，这样做并不现实。

幸运的是，要理解布莱克-斯科尔斯方程的解可以不用求解偏微分方程，只需要理解变量的变化（将布莱克-斯科尔斯方程转化为热传导方程）是如何在最终解中体现出来的就足够了。通过这种方式，学生可以理解这些项从何而来、为何而来，而不是死记硬背。那么，学生的注意力就可以集中于理解这些项的含义了。

（3）培养数学直觉（Developing Mathematical Intuition）。上过这门课的学生有的直接进入了金融领域，有的进入研究生阶段以学习更多的相关知识。这意味着他们必须对课程所授的内容、各种结论的局限性，⊖以及哪些方面的主题可以进行研究等形成直觉。

对于"局限性"的强调贯穿整本书。学习完本书，学生们逐渐开始明白并意识到那些在过去可能被忽视的假设的重要性。而其中，优秀的学生将能够认识到哪些领域需要更多的研究。

为了帮助学生培养对材料的直观理解，本书采用的方法不同于传统的课程：本书对新内容的介绍是通过学生易于理解的内容引入的。换言之，本书的话题由一些故事或与之密切相关的内容引发的。⊜例如，第1章用一个简单的打赌游戏的例子介绍了套利的定义和意义。又如，本书将"有效市场假说（Efficient Market Hypothesis）"的局限性与 $y = \cos(x)$ 的二次泰勒级数表示的约束进行了比较。

教学总是需要在时间和所授内容的深度之间进行平衡，比如教学时长为一个季度的课程（Quarter Length Courses），我的建议是调整课程的节奏，以确保能涵盖本书第6~8章的内容。如果不这样做，就好比阅读阿加莎·克里斯蒂（Agatha Christie）的推理小说，读到后面却发现最后几章不见了。

⊖ 这一点至关重要：2008年金融危机发生后，一些政府专家参加了美国国家科学研究委员会的会议，探究他们错过了什么。一对夫妇震惊地发现，这个领域的关键方程式并不总是适用的。当有人想知道如何发现这些信息时，我主动推荐了优秀的学生进行解答。

⊜ 这种用一般性概念的引入方式避免了一个常见的问题，即在你学习（或教授一门课程）这一领域之前，你必须了解一些金融知识。

每章末尾的习题大致按照该章内容设置的顺序排列，以方便老师布置作业。通过参照书中的例子，学生可以很容易解出这些问题。我的学生需要完成所学各章中的所有课后习题，并且我的课堂小测验的题目通常也只是对这些已布置题目进行一些数字上的小变动。

理想情况下，课程应该强调如何通过数学的力量来显著地帮助学生培养对于市场的感觉和直觉。但是，当内容在数学上变得逐渐深入和困难时，学生可能会更多地将注意力集中于技术细节，而忽视了培养对金融期权的直觉。为了解决这个问题，书中许多地方都给出了数学背后的直觉。其中很多都可以作为课后作业。

在有限的时间内，我们也可以讨论一些其他的相关特征来帮助人们理解这些抽象的概念。比如，在教授动力学的相关内容时，我们可以借助牛顿定律或从斜面上滑下的方块来阐述抽象的物理概念，从而帮助人们理解。但对于外行来说，经济学在很大程度上是一个神秘的世界，需要借助本能、经验和直觉来帮助其理解。那么，该怎么做呢？

本书的核心是"低买高卖"。如果时间允许，那么想要体会这句"老话"的一种方法是进行一个课堂实验。在实验过程中，班级中的一部分人扮演**供应商**的角色，他们生产一种小部件。事实上，他们是从假想的"苏（Sue）"那里购买的这些产品。班级的另一部分人是**买家或消费者**。每个部件的价值决定方式为：每个消费者可以从供应商处购买部件，然后卖给我。

为了反映不同供应商的制造专业能力，假设苏按不同的价格将产品卖给不同的供应商（学生们从碗里抽出的纸条上有具体价格），供应商之间彼此不知道对方的拿货价格。类似地，为了反映消费者对产品赋予的不同价值，每个买家从碗中抽出一张写着不同价格的纸条，上面写着我愿意为部件支付多少钱。

一旦某名学生提出以指定的价格购买或出售一个部件，市场就此开放。如果双方同意则一单交易达成，之后这两人就会退出该市场。每个人都在纸上标上销售价格，以确定其个人的利润（老师的角色是解释整个过程，确保拍卖开始，并维持秩序——无论竞价过程中发生了什么）。实验一直持续下去直至没有人进行交易。例如，苏可能给每6个学生一组2、4、5、7、9、10的价格（也就是扮演供应商的学生所抽到的纸条上所示的价格）。类似地，我的出价可能是3、5、6、6、8、9（有效的小组人数为每组25~30人，各组人数不必相同）。虽然并不涉及真正的金钱，但参与的学生，甚至是旁观的人，都会很快就被吸引住了。

每轮我们都会使用不同的价格，多次重复这个实验（对学生而言，他们在实验操作中存在一个学习过程，因此在接下来的几轮中，他们会变得更有策略，也更老练。因此，如果一个学生受到了不公平待遇，那么他在下一轮可能会做出更好的选择）。当我们把每次实验的供给曲线和需求曲线画在同一张图上时，供给曲线和需求曲线的交点接近于通过游戏获得的价格。这个练习不仅证明了供求理论（在特定情况下）的有效性，竞价的过程也展示了"大众的智慧（Wisdom of the Crowd）"如何影响均衡价格。

这门课教起来很有趣！我在 YouTube 上的"数学176，金融数学（Math 176, Mathematics of Finance）"栏目讲座可以作为读者的辅助材料，其涵盖了本书的大部分内容。至于参加这门课程的背景知识要求，那些已经完成微积分序列（多变量）和概率论与统计入门课程的学生足以达到要求。

最后，感谢 Dan Jessie 在多次教授过这门课后对本书提出的修改建议。Santiago Guisasola 修改了本书的部分内容以在夏令营中教导那些有天赋的高中生。感谢 Anneli Duffin 和 Katri Sieberg 在此书编写过程中提供的帮助。感谢5位审稿人的宝贵意见。最后，尤其感谢众多学生的反馈！

前　言

本书非常有意思的地方在于，尽管我们已知很多相关的内容，但是未知的东西也很多。因此，在目前的理解水平下，明智的做法是把书中讨论的数学模型视为将金融市场中大量数据和不确定性作为结构化、可感知化及科学化表达的初次尝试。随着时间的推移，这些表达方式将会得到改进，并且正在得到改进。因此，要学会保持质疑精神：**不要完全接受任何东西**。

就像任何一个缺乏成熟认识的领域一样，潜在的危险和隐藏的机会可能会产生一种兴奋感。这些危险提示我们在现实中，严重的错误可能存在，并且正在发生。特别是，将现有模型运用到不合适的场景时会发生错误（这种情况时有发生！）。记住，在金融领域，一个错误的决策或许会造成巨大的金钱损失。

因为有太多的未知等待着被发现，所以机会总是存在的。为了开发这些机会，必须首先了解现有模型的局限性。要做到这一点，需要知道某个特定模型什么时候以及为什么会给出错误的答案，并且在哪里需要很谨慎地对待——这些都要求理解金融背后的数学原理。例如，该模型可以被修正、扩展或更改从而能更好地处理新出现的挑战吗？

特别重要的是，要培养对可能发生的情况以及为什么会发生这些情况的**直觉**。毕竟，一个金融投资机会出现时，它肯定不会等着你跑回家，拿出一本书，找到合适的方程，然后计算出答案。通过质疑为什么某些结论是正确的，理解某些方法何时以及为何适用而形成的直觉，可以帮助投资者迅速做出反应。

为了应对这一领域的挑战，需要培养**批判性思维**的习惯。不同于在大多数课程中使用的传统教学方式，即学生完全接受给定的假设和所授内容，且专注于细节，仔细、严格地检查所有假设，我们希望学生能够带着以下问题来学习本书的内容：

- 这些假设可信吗？
- 它们合理吗？
- 它们什么时候、在什么情境下有效？什么时候、在什么情境下是错误的呢？
- 这些假设对结论有什么影响？
- 如果换一种假设会得到与观察结果更一致的结论吗？
- 如果假设被改变了会发生什么？

记住，模型是一种利用数学公式来理解或模拟现实的尝试。当理论预测和实际观测之间出现差异时，当数据不断抛出与数学模型相反的信息时，要怀疑是模型而不是现实出了错⊖。因此，有必要不断地将模型与现实进行比较，并且要养成阅读财经和商业新闻的习惯。

读者可能会想："我如何构建或改进数学模型？"只要利用你所能理解和使用的任何数学和经济学工具即可。一个人掌握的工具越多，对数

⊖ 尽管这是显而易见的，但令人惊讶的是，即便是专家也可能会忘记这一点。我们不难看到专家因为人们的行为与理论预测不符而给他们贴上"非理性"标签的例子。人们没有错，错的是模型。

学和经济学了解得越多，他就越有能力取得进步。再次强调，"批判性思维"是非常必要的。为了创新地运用数学和经济学，有必要在教科书之外了解更多内容。

- 培养关于什么类型的数学知识可以并且应该在不同的环境中使用的直觉。
- 理解某些特定的数学结果在什么情况下以及在什么时候更加具有限制性。
- 对实现你的目标所需要的一般性结果保持一定的敏感度。

这本书中隐含的一个要点是培养批判性思维的必要性。

- 学习如何将概念与技术细节区分开来。这里有一个简单的区分方法：细节是某一领域的具体技术细节详情，而概念往往更一般化。它们都能运用到各种简单、日常的例子中去。

一个检验概念是否被掌握的好方法是向你的兄弟姐妹、朋友或不熟悉这个话题的人去解释新学习到的概念。如果能够成功做到这一点，这些概念可能就被完全掌握了，模型的真正含义也就被更好地理解了。这种方法可以帮助我们明白假设在哪里和为什么有助于我们的理解，以及在哪里和为什么它们可能会不完美。如果不能掌握概念，就很容易被其他人提出的技术细节和模型牵着鼻子走。

- 学习如何评估假设和模型。最重要的问题是 WGAD。[⊖]采取务实的态度，即严格评估一种方法、一套假设，以及其他的相关假设。
- 想要理解数学是如何发挥作用的，以及什么样的数学可能有用，需要对每种类型的数学能够提供什么有一个直观的感觉。为了培养直觉，可以给那些学习数学有困难的朋友讲述不同类型的数学知识。如果你能把概念解释清楚，就说明你理解了。

[⊖] （WGAD Who gives a darn）意为：谁在乎呢！这里是指要针对假设和模型来思考"为什么这些重要呢？"

整本书都在试图阐明这些观点。其中几个重要的概念是通过常见的易于理解的故事来介绍的。本书并未假设读者能够回忆出需要的数学知识，因此许多部分都以故事的方式回顾。部分练习是为了帮助你培养直觉而设计的。

任何课程都只能涵盖一定量的内容。因此，本书提供了对极具吸引力的广泛金融领域中的一部分内容的数理介绍，还有更多值得探索的地方。在此，让我再次强调，培养直觉和开始关注商业新闻十分重要。

现在，开始享受这本书吧！

目 录

重磅推荐

中文版序

译者序

导　言

前　言

第1章　引子：打赌游戏 ／ 1

1.1　橄榄球比赛 ／ 1

　　1.1.1　消除不确定性 ／ 2

　　1.1.2　计算 ／ 3

　　1.1.3　收益曲线 ／ 5

　　1.1.4　固定收益 ／ 6

　　1.1.5　套利 ／ 6

　　1.1.6　无套利对冲 ／ 8

　　1.1.7　关于如何解读的提醒 ／ 10

1.2　期望值和方差 ／ 11

　　1.2.1　概率和累计密度函数 ／ 12

　　1.2.2　随机变量 ／ 17

1.2.3 期望值 / 18

1.2.4 方差 / 19

1.2.5 标准化形式 / 22

1.3 公平的打赌游戏和稳得获利 / 23

1.3.1 公平的打赌游戏 / 23

1.3.2 获利 / 24

1.3.3 赛马 / 26

1.4 习题 / 30

第2章 期权 / 35

2.1 看涨期权 / 35

2.1.1 买入看涨期权 / 36

2.1.2 卖出看涨期权 / 40

2.1.3 对冲 / 42

2.2 看跌期权 / 43

2.2.1 买入看跌期权 / 43

2.2.2 卖出看跌期权 / 45

2.2.3 一些行业术语 / 45

2.3 对冲 / 46

2.3.1 跨式组合 / 47

2.3.2 设计投资组合 / 48

2.4 看跌-看涨平价关系式 / 53

2.4.1 货币的现值 / 53

2.4.2 担保 / 55

2.5 相关启示 / 59

2.5.1 我们的"朋友":套利 / 60

2.5.2 看涨期权和看跌期权的性质 / 61

2.6 习题 / 62

第3章 建模 / 67

3.1 假设与建模 / 67

    3.1.1 泰勒级数 / 68

    3.1.2 多元函数 / 71

    3.1.3 回到建模逼近 / 72

3.2 有效市场假说 / 73

    3.2.1 建模 / 75

    3.2.2 随机变量 / 77

    3.2.3 回到金融 / 78

    3.2.4 随机效应 / 81

3.3 解释 / 83

    概率分布 / 83

3.4 习题 / 84

第4章 一些概率 / 86

4.1 概率回顾 / 86

    4.1.1 回顾链式法则 / 89

    4.1.2 寻找新的概率密度函数 / 91

4.2 伊藤引理 / 93

4.3 应用 / 95

    4.3.1 $S(t)$的概率分布函数 / 99

    4.3.2 对数正态分布 / 99

4.4 习题 / 102

第5章 布莱克-斯科尔斯方程 / 106

5.1 布莱克-斯科尔斯方程推导过程 / 107

5.2 边界条件 / 111

5.2.1　热传导方程　/　112

　　5.2.2　布莱克-斯科尔斯的边界条件　/　113

　5.3　转换为热传导方程　/　116

　　5.3.1　微分方程快速入门　/　117

　　5.3.2　消去可变系数　/　120

　5.4　直觉　/　122

　5.5　习题　/　122

第6章　布莱克-斯科尔斯的解　/　124

　6.1　热传导方程和$C_E(S,t)$　/　124

　6.2　$C_E(S,t)$项的来源　/　126

　6.3　解释　/　127

　6.4　习题　/　129

第7章　基于偏导的信息：希腊值　/　131

　7.1　$P_E(S,T)$的解　/　131

　7.2　希腊值来啦　/　132

　　7.2.1　对冲比率项δ　/　133

　　7.2.2　可变的δ：希腊值Γ　/　137

　　7.2.3　伪希腊值——ν　/　138

　　7.2.4　其他希腊值　/　140

　7.3　习题　/　142

第8章　图解美式期权　/　145

　8.1　利用δ_C和δ_P绘制$C_E(S,t)$和$P_E(S,t)$　/　145

　　8.1.1　绘制$C_E(S,t)$　/　145

　　8.1.2　绘制$P_E(S,t)$　/　147

　　8.1.3　曲线对比　/　149

　8.2　套利和美式期权　/　149

8.2.1　看跌期权的简单几何 / 150

　　8.2.2　利用看涨期权套利 / 152

　　8.2.3　新规则：美式期权 / 155

8.3　习题 / 156

第9章　延伸 / 158

9.1　债券 / 158

9.2　股息和其他延伸 / 161

　　9.2.1　新的问题 / 162

　　9.2.2　找到解 / 163

9.3　数值积分 / 164

9.4　下一步是什么 / 167

9.5　习题 / 168

参考文献 / 170

第 1 章　引子：打赌游戏

1.1　橄榄球比赛

在讨论金融市场的复杂性以及接触一系列诸如"期权（Option）""对冲（Hedging）""套利（Arbitrage）""看跌期权（Put）"和"看涨期权（Call）"之类的陌生术语之前，我们可以先考虑一个更为简单的情景，事实上，这个情景涵盖了我们未来将要讨论的大部分内容。假设下周日将有一场美式橄榄球比赛。参赛队伍分别是明尼苏达维京人队（Minnesota Vikings，以下用"V 队"表示）和绿湾包装工队（Green Bay Packers，以下用"P 队"表示）。

客观上来看，两支队伍的实力差距并不明显。但鲍勃（Bob）作为铁杆粉丝，他对于 V 队非常有信心，他认为 V 队的胜率是 P 队的 25 倍（25∶1）⊖。这意味着当他参与针对这场比赛的打赌游戏时：

- 如果 V 队获胜，对手押注 P 队的金额将全部归鲍勃所有。
- 如果 P 队获胜，鲍勃将按对手押注 P 队获胜金额的 25 倍赔付。

我们规定在比赛结束后才进行货币结算。

苏（Sue）支持 P 队，但相比鲍勃而言，她更加谨慎。她认为 P 队对 V 队的赔率是 6∶5，即

- 如果 P 队获胜，苏将赢得所有押注 V 队的金额。

⊖ 看上去很离谱，但这是一名学生在一次课程中的实际选择！

- 如果V队获胜，苏将按对手押注V队获胜金额的 6/5 = 1.2 倍赔付。

亲爱的读者，假设你仅有100美元，而所有的钱都急需用来购买教材，你会参加这个打赌游戏吗？如果你参加了这场打赌游戏，你会选择谁作为对手方呢？

除了将急用的钱参与到打赌本身的风险外，参与这场打赌游戏的更有挑战性的方面在于许多读者对橄榄球一无所知，甚至根本不关注橄榄球！一些人可能知道有这样的比赛，但对两队的实力并不了解。另外，即使有一部分人对橄榄球比赛和两支队伍的实力略有了解，可能也并不精通于此。因此，无论你选择鲍勃还是苏作为对手方，都会面临着结果的不确定性与相应的风险。这与一些人在股票市场上的行为有些类似：比起谨慎的分析下注，人们所依据的更多是其自身的情感和直觉。

1.1.1 消除不确定性

我们或许，仅仅是或许，有可能消除以上这种下注方式带来的收益不确定性。是否存在一种足够聪明的下注方法，使我们**在无论哪队获胜的情况下**，都能够通过构建一种确定性策略来保证获利？如果这种策略存在，那么这种策略一定会对两支队伍同时下注。即

- 以鲍勃作为对手方，将一部分钱下注在P队上。
- 以苏作为对手方，将剩下的钱下注在V队上。

问题的关键在于如何确定合适的划分比例——用正确的金额同时下注两个可能发生的结果。如果用专业的金融词汇来表述，这种通过计算对一个事件的两面同时下注来降低或消除风险的方式被称为**对冲**⊖。在众多定义中，本书采用以下定义：

⊖ 对冲又称套期保值，下文将统一称之为对冲。——译者注

定义 1 **对冲**是一种在投资时采取相反的头寸[⊖]（Position）来抵消和平衡在市场中持有另一种头寸而带来的风险的策略。

这听起来很复杂，实则不然。对冲不过是一种在市场发生变化时，使投资者的敞口[⊖]（Exposure）最小化的策略。例如，对冲策略的存在使投资者对于新兴企业的投资意愿有更大的实现空间。假设塔蒂亚娜（Tatjana）正在考虑是否要投资一项新技术，这项技术有可能会蓬勃发展，也有可能没有前景。如果受到不利冲击时，她能使自己的损失最小化，那么她会更愿意投资该技术。因此，塔蒂亚娜将寻求相应的对冲策略。

对冲能够提供一定程度的"保险"来降低风险，这种"保险"是通过对未来可能会出现的不同情况同时进行押注实现的。其实，对冲在日常生活中被广泛使用，你甚至可能已经参与其中而不自知。以车险为例，只有在发生事故时才能获得赔付。通常我们会谨慎驾驶，以免发生事故，但如果发生意外，则由保险公司来承担相应的后果。这样来看，通过对是否会发生意外事故这两种情况同时下注，车险就可以覆盖所有情形。因此，在以后的章节中，"对冲"这一概念会扮演非常重要的角色。尽管对冲可以对投资损失提供保障，但这一策略有可能已经被滥用了。

1.1.2 计算

要确定参与者应当在拥有的 100 美元中以何种比例分别与鲍勃和苏

[⊖] 头寸是个人或法人持有的和/或拥有的现金、证券、商品等金融工具的总金额，其形式可以为货币，也可以为非货币；可以是现货（现金、证券、商品），也可以是非现货（与现货对应的期货、期权等）。在接下来的章节中，你可能会更多看到期权交易，因此下面的解释以期权为例。当交易者买入一个还未持有的期权合约时，就说他建立（开立、进入）一个做多部位（持仓、头寸）；当交易者卖出一个已经持有的期权合约时，就说他平掉（关闭、退出）一个做多部位（持仓、头寸）。——译者注

[⊖] 敞口是指在金融活动当中存在的金融风险的部分以及受金融风险影响的程度。敞口是金融风险中的一个重要概念，但与金融风险并不等同。——译者注

下注，首先假设参与者以鲍勃为对手下注 P 队 x 美元，而剩下的 $100-x$ 美元则在苏处下注 V 队。现在的问题是要确定：

- x 的值
- 有保证的获利额

只有两种情况可能发生：要么 V 队赢，要么 P 队赢。

- **如果 P 队赢**，则

鲍勃输了，他必须支付参与者 $25x$ 美元。

但与此同时，苏赢了，因此参与者必须支付她 $100-x$ 美元（记住，比赛结束之后才可进行结算。）

因此，如果 P 队获胜，参与者可获得的总收益是

$$25x - (100 - x) = 26x - 100 \tag{1-1}$$

当且仅当 $26x > 100$ 时，参与者才能获得收益，即

$$x > \frac{100}{26} \approx 3.85 \tag{1-2}$$

- **如果 V 队赢**，则

苏输了，她必须支付参与者 $6/5(100-x) = 120 - 6/5x$ 美元。

同时，鲍勃赢了，因此参与者必须支付他 x 美元。

因此，如果 V 队取得了胜利，那么对于参与者而言的总收益是

$$(-x) + \left(120 - \frac{6}{5}x\right) = 120 - \frac{11}{5}x \tag{1-3}$$

当且仅当以下条件成立时，我们的收益才大于 0：

$$x < \frac{5}{11} \times 120 = 54.55 \tag{1-4}$$

联立两个不等式，我们可以得到当 x 满足

$$3.85 < x < 54.55 \tag{1-5}$$

时，这个条件同时满足式（1-2）和式（1-4）。因此，在这个打赌游戏中，任意满足不等式（1-5）的 x 取值都对其实现了对冲：**无论哪个队伍**

最终赢得比赛,我们都能通过对双方队伍分别下注合适的金额来保证获利。

1.1.3 收益曲线

图 1-1 展示了不同下注金额可实现的获利情况。在式(1-5)描绘的取值区间内,无论哪一支队伍获胜,参与者均可获利,所以从图像上看两条利润线均在 x 轴上方。

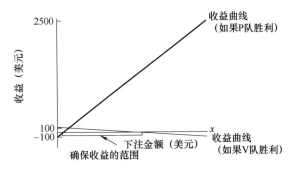

图 1-1 下注收益

此外,图 1-1 还可用来讨论不同的现实情形。例如,如果参与者认为鲍勃在孤注一掷且很有可能判断失误,那么应当使 x 尽可能接近取值上界 54.55,例如,为每支球队下注 50 美元,若 P 队获胜,参与者的获利将大幅提升。要注意的是,图中两条线的 y 值代表相应球队获胜时参与者的获利情况。

当 $x = 50$ 时,这是一种(风险)有限的下注方式,因为无论发生什么,参与者都能保证获利。但是差之毫厘,谬以千里:如果 P 队大获全胜,那么根据式(1-1)和图 1-1,参与者将轻而易举地赢得 $26 \times 50 - 100 = 1200$ 美元,毫无风险!但是如果 P 队输了,参与人只能赢得 $120 - 11/5 \times 50 = 10$ 美元,连打车费可能都付不起了。关键在于,利润曲线可以为我们的投资提供指导。

1.1.4 固定收益

假定下注是参与者的职业需要，而不是为了增强比赛的刺激性。那么，参与者对随机获利并不感兴趣，他希望的是，无论比赛期间发生什么，他都能通过某种下注方式来确保可以获得固定收益。

为了实现此目标，由图1-1可知，最高的可确保获利（Assured Profits）就是两条利润线交叉的位置。令利润函数式（1-1）和式（1-3）相等即可得到该利润值

$$26x - 100 = 120 - \frac{11}{5}x$$

即

$$28\frac{1}{5}x = \frac{141}{5}x = 220$$

两条利润线交点对应的值就是最高的可确保获利。

上述计算即表示：对P队下注 $x = \frac{220 \times 5}{141} \approx 7.80$ 美元，对V队下注 $100 - x = 92.20$ 美元。由此，参与者可以确保获利

$$26 \times 7.80 - 100 = 102.80$$

无论哪支球队赢得比赛。记住，这笔获利是参与者以100美元下注的额外收入。这次下注为这笔100美元的投资提供了超过100%的回报。

上述结论令人意外的是，在P队赔率很高的情况下，参与者为其下注的金额远远小于V队。图1-1给出了解释：鲍勃在P队上给出的赔率更高，使P队获胜时对应的利润曲线的斜率非常大。为了确定稳得获利的金额（在直线交叉处），x 的值会比较小。

1.1.5 套利

这种可观的稳得获利无须参与者破费、冒险，甚至多花一分钱！这是因为在这个例子中，我们规定在比赛结束后进行货币结算。即使是一

个身无分文的参与者，也可以用得到的稳得获利来偿还此前未付的下注金额，然后再带着剩下的 102.84 美元回家。

这种对各方下注以确保固定收益的投资策略称为**套利**。与美式橄榄球比赛的例子一样，套利机会的存在是由于同一商品在不同市场上具有不同价格，而使得即时的"低买高卖"成为可能的一种策略。这里提到的"即时"尤为重要，它意味着在交易之间不存在时间差，从而消除了面对市场变化与风险时的风险敞口。

定义 2 **套利**是一种通过在不同市场上同时买卖同一资产、利用资产在不同市场上的不同定价来确保获利的策略。

这里存在一个显而易见的问题：（既然存在这样的一种策略）为什么并不是每个人都采用这种策略？第一个解释是这种套利机会并不总是存在。其次，当存在套利机会时，大部分人都想利用这一机会（如果他们有实现套利的能力）。这就要求他们首先得意识到套利机会的存在，此外，还应当**明白**如何利用它。

实际上，并不是每个人都能判断何时会出现这样的套利机会。举个例子，大多数读者或许都没有意识到之前美式橄榄球比赛的背后所隐藏的套利机会（Financial Opening）。说得直白点，利润会落入那些善于观察而聪明的投资者手中，即市场（套利）机会仅留给那些知道如何套利以及在哪里寻找套利机会的人。因此，贯穿全书，我希望读者能够通过识别是否存在以及如何实现套利机会来训练个人的本能和直觉。

与套利相关的概念是"钱泵（Money Pump）"。以鲍勃和苏的例子中存在的套利机会为例，那些了解如何套利的人可能从中"抽钱（与水泵抽水类似）"。随着越来越多的人利用存在的套利机会，鲍勃和苏要么迅速学会如何谨慎下注，要么只能学着自担后果。进一步来看，我们可以预期他们会迅速调整各自提供的赔率，直到在低效市场中的套利机会消失或变得微不足道为止。

在套利当中,"低效(Inefficiency)"是关键。[一]老练的投资者在寻找套利机会时可能会从那些以"低效"著称的市场着手。这种市场可能会存在诸如交易时间延迟或缺乏市场信息等问题。不可否认,套利活动令人不悦。但正如鲍勃和苏的例子一样,套利潜在的积极作用是迫使市场调整到更现实、更有效的水平。用数学术语来说,套利的调整机制迫使市场调整并保持在一种更适当、更稳定的水平。

最后要重申的是,在套利的数学分析中,我们可以假设金融世界中的某些函数和结果是"连续的(Continuous)"或"可微的(Differentiable)"。相比之下,在自然科学的研究中,自然界中的调整为平滑函数的假设(即根据需要可进行多次微分)提供了合理性。在金融行业的分析中,正是机会主义的套利活动使这样的假设同样合理。

由上文可知,套利将会是本书以下内容的核心:由于套利的存在,我们可以接受不变量(Invariants)的存在,例如非常重要的"看跌-看涨平价关系式"(在第2章中介绍)以及数学表达式的平滑性假设。套利的存在为我们求解各种均衡问题提供了调整的手段。

1.1.6 无套利对冲

橄榄球比赛的例子结合了对冲与套利,但是通常情况下它们互不相干。例如,参与者或许会想利用鲍勃对P队的高赔率来实现高获利。但是,如果下注的前提是参与者需要有足够的钱能坐车回家,即他不能承受超过10美元的损失,那么他该怎么做呢?

他可以仅仅和鲍勃下注10美元。如果P队获胜,他将获得250美元的可观收益。如果P队输了,他将损失全部的10美元。

[一] 低效市场(Inefficient Market)是与有效市场(Efficient Market)相对的概念。有效市场是指在这个市场上,所有信息都会很快被市场参与者知道并立刻反映到市场价格之中,而低效市场则不会如此。——译者注

还有一种选择：参与者可以选择将苏作为对手方以进行对冲。此时，他可以在鲍勃处为 P 队下注 y 美元，在苏处为 V 队下注 $100-y$ 美元。不同于此前分析的是，他对 V 队下注的目的是想确保他的损失不超过 10 美元。因此，如果 V 队获胜，他将支付鲍勃 y 美元并从苏处赚取 $\frac{6}{5}(100-y)$ 美元，最后获得 $-y+\left(120-\frac{6}{5}y\right)$ 美元。

要注意的是，他愿意承担 10 美元的损失以保证他能得到通过下注 P 队而可能获得的高获利。因此，为确定 y 的取值，正确的等式应该为

$$-y+\left(120-\frac{6}{5}y\right)=-10$$

这表示她存在赔钱的可能。以上等式也可以写为

$$130=\frac{11}{5}y;\quad y=\frac{650}{11}\approx 59.09$$

这意味着他应该在鲍勃处为 P 队下注 59.09 美元，并将剩余资金在苏处下注在 V 队上。这样一来，无论发生什么情况，都能确保损失不超过 10 美元。他可以在预算范围内，将在鲍勃处下注 P 队的金额大幅提升至 59.09 美元，而不用仅下注 10 美元。

如果 P 队获胜，通过将 $y=\frac{650}{11}$ 代入式（1-1），可以得出他的获利。计算可得，他可以兴高采烈地带着以下利润回家：

$$26\frac{650}{11}-100=1436.36$$

对于这笔超过 1000 美元的巨大回报而言，她仅需要承担损失 10 美元的风险！好吧，我们也得承认发生这种极端情况的概率极其小，想必鲍勃已经从中吸取了教训，不会再冲动地给出这样高的赔率。但是这个例子的目的仅在于展示对冲是如何在提供获利机会的同时将风险和损失最小化来提供保险的。读者也可以思考一下对冲策略何以使投资者可以在新兴企业中投入更多资金。

1.1.7　关于如何解读的提醒

请注意：以上关于对冲和套利的分析是用获利的形式描述的，它假定交易个体都是有信用的个人。这意味着如果你输了，你将完全接受这个结果并向对手方偿付损失，无须依靠拿着棒球杆、蓄着大胡子的暴力"收款人"。

对于那些来去无踪的人，我们就不能对他们也预设这样的守信前提了。人们估计不会看到那些匿名玩家一手抓着他们亏钱的票，一手还抢着要付自己欠的钱。在信任不足的地方，通常会在比赛开始前提前收取赌注。如果你赢了，你的赌注仍退回到你手里。假如，苏给出的赔率是 6∶5（即 1.20∶1），如果你下注 1 美元并赢得了赌局，你将获得：

你的 1 美元本金加上 1.20 美元的获利，即 2.20 美元。

在现实中，你得先搞清楚货币结算的结果是仅仅基于获利还是基于利润加上预存的本金。如果不注意这种区别，结果会明显不同。

老练的玩家们对投资新规则的熟悉速度都很快，因此在投资的规则设置中很少存在套利漏洞。然而，我们仍然可以认为那些非专业人士会对情绪事件（Emotional Events）下注。例如，绿党和橘党将进行选举（当然纯属虚构），为保证最终的偿付得以顺利实现，如果泰勒（Tyler）花 1 美元和简（Jane）打赌，赌绿党会获胜，当绿党获胜时，他一共将获得 1.50 美元（即泰勒的 1 美元预付保证金加上 0.50 美元的利润）。如果泰勒和米可（Mikko）打赌 1 美元，泰勒赌橘党会获胜，当橘党获胜时，他一共将获得 1.80 美元（假设只有 0.80 美元的利润）。如果泰勒没有注意到实际获利而用之前的逻辑进行分析的话，这其中看似仍存在着巨大的套利机会。事实上，上述情况只存在对冲机会，而没有套利的可能。

要理解背后原因，让我们考虑简作为绿党的支持者：在去除成本只关注获利时，她提供的赔率是 1/2∶1。类似地，米可支持橘党，事实上他给出的赔率是 4/5∶1。我们假设泰勒拥有 1000 美元。

如果泰勒以简作为对手方，对橘党下注 x 美元，剩余的 $1000-x$ 美元以米可作为对手方，对绿党下注，则分析如下：

- 如果绿党赢了，泰勒将损失与简下注的 x 美元，与此同时，从米可处赢得 $\frac{4}{5}(1000-x)$ 美元，总收益为

$$-x + \frac{4}{5}(1000-x) = -\frac{9}{5}x + 800 \tag{1-6}$$

为了保证泰勒在绿党获胜时实现获利，需要有

$$x < \frac{4000}{9} \approx 444.44 \tag{1-7}$$

- 如果橘党取得了胜利，那么泰勒将输给米可 $1000-x$ 美元，但是简会赔付 $\frac{1}{2}x$ 美元给泰勒，泰勒的最终总收益为

$$-(1000-x) + \frac{1}{2}x = \frac{3}{2}x - 1000$$

为了保证泰勒在橘党获胜的时候实现获利，需要有

$$x > \frac{2000}{3} \approx 666.67 \tag{1-8}$$

- 因此，如果泰勒在橘党上下注的金额 x 美元在

$$444.44 < x < 666.67$$

之间的话，并且将 1000 美元中剩下的全部押注在绿党上，无论哪一方最终获胜，都一定会带来损失！！这实在是太糟糕了！

因此，我们的当务之急是要了解什么时候会出现套利机会以及什么时候会出现风险和损失。我们现在就着手分析。

1.2 期望值和方差

为什么关于金融数学的讨论会以一个打赌的例子作为开始呢？要想

回答这个问题,思考一下你今天是否应该购买苹果公司的股票。(记住,购买股票意味着你购买了公司的一部分所有权。)买股票是一场赌博,也是一次打赌。因此,那些在打赌的例子中(比如此前的橄榄球或者选举例子)更容易被理解的道理,其实在理解复杂的金融问题时也是一样的。

在考虑是否购买某只股票需要了解什么时,首先要从投资者的本能出发。假设我们知道一条很有价值的信息:苹果公司的股票价格有70%的可能将会上涨。想要利用这条信息,我们就必须得回顾数学中关于"可能性"的知识了。因此,接下来的内容是对概率论和统计基本概念的快速回顾。考虑到读者至少对这些知识有着基本的了解,因此本书仅做术语和概念的概述。此外,为了让本书的讨论更加轻松愉悦,我提供了一些有趣的例子。

1.2.1 概率和累计密度函数

假设存在 $n \geq 2$ 个互斥事件,p_j 表示第 j 个事件发生的可能性,当然,$p_j \geq 0$。由于一个事件必然会发生,因此我们有标准约束条件:

$$\sum_{j=1}^{n} p_j = 1 \tag{1-9}$$

1. 旋转的硬币

当硬币停止侧边旋转时,唯一可能发生的事件是正面(Head)朝上或者反面(Tail)朝上。⊖在向上扔掷硬币时,我们用 $p(H)$ 和 $p(T)$ 分别表示得到正面和反面的概率。每个事件的概率都是 1/2。然而,对于旋转的硬币来说,情况却大不相同。

⊖ 有一个不太可能的结果是硬币停在边缘。有一次,与波士顿大学的教授结束座谈会后,我旋转了一枚一美分硬币来说明此例中的 H 和 T 值。出乎意料的是,这枚硬币停在了边缘!既然这种"一生只有一次"的事件已经发生了,那就把"边缘着陆"作为零概率吧。换言之,如果 E 代表"边缘",那么 $p(E) = 0$。正如这里描述的一般,一个概率为零的事件并不必然意味着它不可能发生,它仅仅意味着它比任何可想象的正数都小。

其原因是，如果硬币的一面稍重，硬币在旋转过程中会发生倾斜，从而使得该面在结束旋转时更有可能在底部。如果我们使用一枚老旧的 1 美分硬币，由于其正面较重，因此反面更容易朝上。经过几个班级的大量实验，我们发现

$$p(H) = 0.3, \quad p(T) = 0.7 \tag{1-10}$$

该结果是基于一枚 2000 年的 1 美分硬币。我不知道如果用一枚更加"现代化"的硬币会发生什么。不过你可以试试看，旋转一枚 1 美分硬币，或者要是找不到 1 美分的硬币，也可以试试一枚 25 美分的硬币来看看你得到的概率分布结果。

2. 骰子

一个普通的六面骰子在停止转动时，任何一面朝上的概率是 1/6。每个 p_i 都大于 0，并且这六个 1/6 加总等于 1。因此，摇到一个 6 和一个 3 的可能性是一样的，都等于 1/6。

同时掷出一红、一蓝两个骰子，共有 36 种可能的组合结果。不同的结果发生的概率不尽相同。如果要求红色的骰子正面朝上的数字是 1 而蓝色骰子是 6，那么发生的可能性是 1/36。虽然共有 36 种可能的结果，但是满足要求的只有一种。然而，如果要求的是两个骰子最后的点数总和为 7，那么这个事件发生的概率便会发生变化。你可以尝试制作一个包含所有 36 种结果的表格来观察具体的细节。（其中有 6 种结果摇到的骰子数的总和是 7，因此可能性是 6/36 = 1/6。）

3. 孩子的性别

假设一个新生儿是男孩和女孩是等可能的，换言之，$p(B) = p(G) = 1/2$。对于一户有两个孩子的家庭，样本空间（Sample Space）或可能事件的空间集合是

$$\{BB, BG, GG, GB\} \tag{1-11}$$

其中，字母的顺序表示出生的顺序。比如，BG 表示男孩先出生、女孩后

出生。这种出生顺序的重要性会在后面的内容日渐显现。

通常我们认为，式（1-11）中的四个事件都是等可能发生的。不过，**这是真的吗？** 数据证实，总的来说这是合理准确的。但是，正如课程成绩的经验所证明的那样，当讨论的对象是总体时，事件发生的可能性或许会与讨论个体情况时有所不同。那么，对于一个特定的家庭来说，概率是多少呢？什么样的基本假设可以确保这种情况呢？保证每个事件同等可能性发生的要求是

$$P(BB) = P(BG) = P(GB) = P(GG) = \frac{1}{4}$$

假设我们的目标是计算一个家庭有一个男孩和一个女孩的可能性。事件 $BG \cup GB$ 表示第一个出生的孩子既可以是男孩也可以是女孩，但是要求第二个孩子的性别与第一个孩子相反。因为各个事件是不相交的，因此

$$P(BG \cup GB) = P(BG) + P(GB) = \frac{1}{4} + \frac{1}{4} = \frac{1}{2}$$

在列举出生顺序时要仔细，这会使得计算过程变得更简洁。

在金融世界中，一个关键点在于理解应如何利用**信息**为自己谋利。有时，那些看起来甚至毫无关系的信息也可能是非常有用的。用两个孩子的例子进行说明，假设杰奎琳（Jacqueline）被邀请与朋友的家人共进晚餐。杰奎琳只知道她的朋友有两个孩子。考虑以下两种情形：

（1）当杰奎琳按门铃时，一个可爱、有礼貌的小女孩开门说："你好，我的名字是安妮（Anni）。请进。"

（2）当杰奎琳按门铃时，一个流着鼻涕的小女孩艾米（Amy）开门说："走开，我不想让任何人进来！因为我是年纪最小的，你们都要听我的。"

分别计算两种场景下家里的另一个孩子是男孩的可能性。在计算时，这两种场景的答案发生了改变吗？出人意料的是，确实发生了改变。

杰奎琳在第一个情形中只知道两个孩子中的一个是女孩，这意味着她的朋友不可能有两个男孩。因此，相比于式（1-11）中的样本空间，实际的样本空间是

$$\{\overline{BB}, BG, GG, GB\} = \{BG, GG, GB\}$$

其中$\overline{BB}$表示该事件被排除了。剩下的三个事件中的任意一个都是等可能的，因此每个事件现在都有1/3的概率。其中，另一个孩子是女孩的唯一可能是GG，剩下的两种可能均表示另一个孩子是男孩，因此有一个孩子是男孩的概率是2/3。

第二个情形提供的信息和小女孩的态度无关，而应该注意到年纪最小的孩子是女孩。因此，可能发生的事件既不是GB也不是BB（它们表示年纪最小的孩子是男孩）。实际的样本空间是

$$\{\overline{BB}, BG, GG, \overline{GB}\} = \{BG, GG\}$$

在简化的样本空间中的两个事件是等可能的：$P(BG) = P(GG) = 1/2$。因此，另一个年纪更大的孩子是男孩的可能性是0.5。

这里有一个问题：假设这个女孩宣称她是年纪最大的。答案会发生改变吗？

评论：以上分析与条件概率（Conditional Probability）相关。建议读者回顾条件概率的相关知识后与上文相联系。

4. 涉及积分的例子

离散概率模型对于许多金融问题并不够用。为了处理更加广泛的情况，我们可以求助于积分。

回顾一下关于积分值的描述，$\int_a^b f(x) dx$，可以被解释为曲线$y = f(x)$在区间$a \leq x \leq b$下方的面积。（这只是一种理解，并不是定义。）用图1-2a中的函数$y = f(x)$进行说明，$\int_a^b f(x) dx$的值表示曲线和x轴围成的面积。

计算图 1-2a 中面积的一种方法是求解近似积分值。回忆微积分的入门课程，将区间 [a,b] 分成 n 个子区间，如图 1-2b 所示。

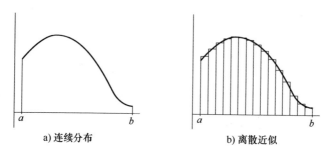

a) 连续分布　　　　b) 离散近似

图 1-2　连续分布及离散近似

选择子区间，使其宽度等于

$$\Delta x = \frac{b-a}{n}$$

在每个子区间中，用矩形面积的结果来近似该区域中曲线以下的图形面积。矩形在子区间的点x_j的高度值由$f(x_j)$给出，因此矩形的面积（高度乘以宽度）为$f(x_j) \times \Delta x$。加总所有矩形的面积（见图 1-2b）得到所求图形面积的近似值：

$$\text{Area} \approx \sum_{j=1}^{n} f(x_j) \Delta x$$

矩形面积的加总为面积的估计提供了合理的近似值，但是我们还可以得到更加精确的结果。为了得到更精确的答案，使用更多的间隔和矩形，即选择更大的 n 值。

积分的**定义**是：如果可以无限地重复这个过程，最终所得到的极限值即为积分。也就是说，积分的定义是

$$\lim_{n \to \infty} \sum_{j=1}^{n} f(x_j) \Delta x \to \int_a^b f(x) \, \mathrm{d}x \qquad (1\text{-}12)$$

（假设极限值存在）。

这种方法展示了如何利用有限的离散估计代替复杂的连续概率密度

函数！正如图 1-2b 所示，在 Δp 区间内，使用定义的离散的估计值代替连续模型，即通过将各个 $f(p)\Delta p$ 矩形面积加总得到近似概率，其中 $f(p) \geqslant 0$。使用积分公式，式（1-9）的约束条件可表示为

$$\int_{-\infty}^{\infty} f(p)\,\mathrm{d}p = 1 \qquad (1\text{-}13)$$

函数 $f(p)$ [或者，如你所见，$f(p)\Delta p$ 转化成了 $f(p)\mathrm{d}p$] 被称为概率密度函数（Probability Density Function）或 PDF⊖。

例如，随机选择一个位于指定区间 [0,3] 中的数字，其概率是一个不变的 PDF，区间中的任一数字被选中的可能性都是相等的。因此，

$$f(p) = \begin{cases} 0 & \text{若} -\infty < p < 0 \\ C & \text{若}\ 0 \leqslant p \leqslant 3 \\ 0 & \text{若}\ 3 < p < \infty \end{cases} \qquad (1\text{-}14)$$

C 的值由式（1-13）决定，这意味着

$$\int_{-\infty}^{\infty} f(p)\,\mathrm{d}p = \int_{0}^{3} C\,\mathrm{d}p = 1, \text{或}\ C(3-0) = 1; \text{因此}\ C = \frac{1}{3}\,。$$

有了 PDF，我们就可以计算出在指定区间内选择任一数字的概率。例如，所选数字在 0.45~0.78 之间的概率为

$$P(0.45 < x < 0.78) = \int_{0.45}^{0.78} \frac{1}{3}\,\mathrm{d}p = \frac{1}{3} \times (0.78 - 0.45) = 0.11$$

1.2.2 随机变量

随机变量（Random Variable）作为一个函数，它不同于普通的函数，如 $y = x^2$，因为它的输入值——它的定义域——由可能发生的随机事件组成。例如，在旋转 1 美分硬币的案例中，定义域中的两个随机事件是正面朝上和背面朝上。

随机变量的范围指定了每个特定的随机事件会发生什么。比如，旋

⊖ 最初的缩写是 "PDF"，但是现在这个缩写更常与某软件相联系。

转 1 美分硬币来决定是否看电影，其可能的结果是

$$X(x) = \begin{cases} 看电影 & 如果\ x = H \\ 不看电影 & 如果\ x = T \end{cases}$$

通常，随机变量作为函数的结果是由随机事件决定的，例如以天气的好坏作为一组随机事件，随机变量的结果可能为

- X(坏天气) = {去上课}
- X(好天气) = {逃课;去教堂}

作为随机变量 X 的结果，其一一对应的标准做法是为定义域中的每个事件标记一个数字。举例来说，$X(j)$ 表示第 j 个事件发生时获得的"收益"。对于摇骰子的案例而言，标记各个事件的另一种选择是，随机变量的自变量输入值仅识别骰子顶面上的数字。

1.2.3 期望值

大体来看，当随机变量 X 的结果是数字时，其期望值（Expected Value）由 $E(X)$ 表示，是可以被"预期"的——作为平均值的一种形式。为了说明这一点，考虑旋转的硬币的预期收益，其中 $p(H) = 0.4$，$p(T) = 0.6$，若正面朝上则得到 10 美元，若反面朝上则损失 10 美元。由于预期 40% 的时间会出现 H，因此，预期的收益应该为

$$0.4 \times 10\ 美元 = 4\ 美元$$

预期的损失为

$$0.6 \times (-10)\ 美元 = -6\ 美元$$

总计

$$4\ 美元 - 6\ 美元 = -2\ 美元$$

定义 3 假设 X 是一个随机变量，$f(p)$ 是它的 PDF。X 的期望值为

$$E(X) = \int_{-\infty}^{\infty} X(p) f(p) \mathrm{d}p \tag{1-15}$$

如果概率分布是离散的，则

$$E(X) = \sum_{j=1}^{n} X(j) p_j$$

例如,在式(1-14)中,从区间[0,3]中随机选择一个数字,随机变量 $X(t) = t$ 表示选定的数字。X 的期望值是

$$\int_{-\infty}^{\infty} X(t) f(t) \mathrm{d}t = \int_{0}^{3} X(t) \frac{1}{3} \mathrm{d}t = \int_{0}^{3} \frac{t}{3} \mathrm{d}t = \frac{t^2}{6} \Big|_{0}^{3} = 1.5 \quad (1\text{-}16)$$

这也讲得通,因为 1.5 正好是该区间的中点。

1.2.4 方差

用"质心(Center of Mass)"的概念来解释期望值也无可厚非。需要注意的是,期望值是测度某物的自然参考点。举例来说,仅知道一场测试得分为 80 分时,并不能说明这个成绩的优劣。若知道它比期望值(平均值)高 10 分,那就可以说明这是个不错的分数。但是,这个分数究竟有多好呢?

回答"有多好"的问题首先需要一个度量单位。假设唯——家售卖所需教科书的商店距离这里 7。"7"?距离商店 7 的说法毫无意义。7"什么"?7m?7 个街区?7km?7mi?7 个州?单位的选取结果决定了我们是选择步行还是选择搭乘公交车。创建数据度量单位的第一步就是定义"方差(Variance)"。

接下来的内容大量借用了通常的距离定义:$\sqrt{x^2 + y^2}$。实际上,这个表达式往往被用来寻找和期望值的"数据距离(Distance of Data)"。

定义 4 对于一个期望值 $\mu = E(X)$ 的随机变量 X,方差是

$$\mathrm{Var}(X) = E([X - E(X)]^2) = E([X - \mu]^2) \quad (1\text{-}17)$$

对于离散概率,式(1-17)可以表示为

$$\mathrm{Var}(X) = \sum_{j=1}^{n} [X(j) - \mu]^2 p_j \quad (1\text{-}18)$$

对于 PDF 是 $f(t)$ 的连续概率分布,式(1-17)可以表示为

$$\text{Var}(X) = \int_{-\infty}^{\infty} (X(p) - \mu)^2 f(p) \, dp \tag{1-19}$$

式（1-18）类似于 n 维空间中的 $\sum_{i=1}^{n}(x_i - a_i)^2$，用于求解点 $\boldsymbol{x} = (x_1, \cdots, x_n)$ 与指定位置 $\boldsymbol{a} = (a_1, \cdots, a_n)$ 距离的平方。（熟悉天文学和普通物理学概念的读者会意识到这个表达式是相对于质心的"极惯性矩（Polar Moment of Inertia）"。）$\boldsymbol{x}$ 和 $\boldsymbol{a}$ 的实际距离是一个平方根，即 $\sqrt{\sum_{i=1}^{n}(x_i - a_i)^2}$。同样地，"与期望值的距离"的数据度量单位是方差的平方根——标准差（Standard Deviation）。

定义 5 随机变量 X 的标准差为

$$\sigma = \sqrt{\text{Var}(X)}$$

为了得到一种快速计算随机变量方差的方法，注意到因为 $(X-\mu)^2 = X^2 - 2\mu X + \mu^2$，所以

$$\text{Var}(X) = E([X-\mu]^2) = E(X^2) - 2\mu E(X) + \mu^2 \tag{1-20}$$

这个表达式依赖于以下事实：

- 和的积分是积分的和。（例如，$\int (f(x) + g(x)) \, dx = \int f(x) \, dx + \int g(x) \, dx$，所以 $E(X^2 - 2\mu X + \mu^2) = E(X^2) - E(2\mu X) + E(\mu^2)$。）
- 常数（第二个积分中的 2μ）可以从积分式中提取出来。
- 常数的期望值是常数（即这里的 μ^2）。

因为 $\mu = E(X)$，式（1-20）可以变得更加简洁：

$$\text{Var}(X) = E(X^2) - (E(X))^2 \tag{1-21}$$

例如，当从区间 $[0,3]$ 中随机选择一个数，其 PDF 由式（1-14）给出，且 $X(t) = t$，可以计算得到 $\mu = 3/2$。若使用定义来计算方差，则必须计算积分式

$$\mathrm{Var}(X) = E\left(\left[X - \frac{3}{2}\right]^2\right) = \int_{-\infty}^{\infty} \left[X(t) - \frac{3}{2}\right]^2 f(t)\,\mathrm{d}t$$

$$= \int_0^3 \left(t - \frac{3}{2}\right)^2 f(t)\,\mathrm{d}t = \int_0^3 \left(t - \frac{3}{2}\right)^2 \frac{1}{3}\,\mathrm{d}t$$

它会随着变量的变化而发生变化。然而，使用式（1-21）可以进行简化计算：

$$E(X^2) = \int_0^3 \frac{1}{3} X(t)^2\,\mathrm{d}t = \frac{1}{3}\int_0^3 t^2\,\mathrm{d}t = \frac{t^3}{9}\bigg|_0^3 = 3$$

所以

$$\mathrm{Var}(X) = E(X^2) - [E(X)]^2 = 3 - \left(\frac{3}{2}\right)^2 = \frac{3}{4}$$

因此，$\sigma = \frac{\sqrt{3}}{2}$。

例如，当从单位区间 [0,1] 中随机选择一个数，通过类似的计算可以得到 $\mu = 1/2$，对于 $0 \leqslant p \leqslant 1$，PDF 为 $f(p) = 1$，否则 $f(p) = 0$。因此

$$E(X^2) = \int_{-\infty}^{\infty} X^2(t) f(t)\,\mathrm{d}t = \int_0^1 X^2(t)\,\mathrm{d}t = \int_0^1 t^2\,\mathrm{d}t = \frac{t^3}{3}\bigg|_0^1 = \frac{1}{3}$$

这表示

$$\mathrm{Var}(X) = E(X^2) - [E(X)]^2 = \frac{1}{3} - \left(\frac{1}{2}\right)^2 = \frac{1}{12}$$

因此，$\sigma = \sqrt{\frac{1}{12}} = \frac{1}{6}\sqrt{3}$。

使用平均值（或期望值）和标准差的常见例子是 IQ 测试和 SAT 分数。IQ 测试的一种形式是调整分数使得分数的分布满足 $\mu = 100$ 以及 $\sigma = 15$。因此，"IQ 为 130" 意味着这个人在测试中的分数比平均值高 2 个标准差。在一些测试中，"天才" 是指那些分数比平均值高出 2 个或更多标准差的人。因此，天才可能只是一名优秀的"应试者"，而不一定是一个特别的人。

类似地，SAT 测试的均值与方差分别被调整为 $\mu = 1000$，$\sigma = 194$。

如果一个学生的 SAT 成绩为 1200 分，表示其略高于平均值 1 个标准差。就 ACT 而言，平均综合得分为 20.8，标准差为 4.8。因此，如果一个学生的综合分数为 26 分，说明其分数略高于期望值 1 个标准差。

1.2.5 标准化形式

此外，在 SAT 和 IQ 测试的例子中，还可以对随机变量 X 的结果进行标准化处理，即存在一种标准化表示（Standard Representation）。第一步，观察该值是大于还是小于期望值，即

$$X - E(X)$$

$X - E(X)$ 的符号表示结果是高于还是低于期望值，即你的表现比班级平均水平好还是差。

为了让读者有一个统一的标准进行比较，将第一步的结果除以标准差 σ，得到 X 的**标准化形式**（Standard Form）：

$$Z = \frac{X - E(X)}{\sigma} \tag{1-22}$$

因此，以上 SAT 分数可以表示为 $1000 + 194Z$，ACTs 表示为 $20.8 + 4.8Z$。

对于一个随机事件而言，$Z = 2.5$ 不仅表示超出期望值（符号为正），而且是远远超出。另外，$Z = -0.5$ 表示低于平均值（符号为负）半个标准差。进一步运用标准化形式来看，对于在第一次考试中获得 60 分的学生，如果这场考试的平均值（期望值）为 85，标准差为 10，那么这名学生在这次考试中发挥得并不好。但是当标准差为 30 时，说明这名学生发挥得还不错。

考虑一个更加贴近生活的例子。假设第一次考试的标准差 $\sigma = 5$，埃内斯托（Ernesto）的成绩刚好是班级平均分 70 分，而俊英（Junying，音译）获得了 80 分。第二次考试的标准差是 $\sigma = 10$，埃内斯托获得了 90 分，而俊英的成绩刚好是班级平均分 80 分。请问，两场考试后埃内斯托和俊英的班级排名应该并列（因为平均分都为 80 分），还是埃内斯托的

排名更靠前（因为他在第二次考试中表现出色，得到90分），抑或是俊英的排名更靠前（因为他的平均Z值比埃内斯托高0.5）呢？哪一种排名更加合理呢？

1.3　公平的打赌游戏和稳得获利

通过使用这些概念，就可以解释为什么在某些下注游戏中参与者可以实现稳得获利。

1.3.1　公平的打赌游戏

一个公平的打赌游戏（Fair Bet）意味着下注对于双方都是公平的。正因为其公正性，参与者才愿意选择任意一方下注，因为任意一方获胜的预期收益都相同。回到上文橄榄球比赛，如果鲍勃认为这是个公平的下注游戏，那么在这样的赔率下，他愿意在P队或V队的任意一方下注。

定义6　随机变量X代表下注游戏的收益，如果收益的期望值是0，则说明这个下注游戏是"公平的"。也就是说，

$$E(X) = \sum_{j=1}^{n} p_j X(j) = 0 \tag{1-23}$$

在橄榄球比赛的例子中，我们知道苏和鲍勃提供的赔率——这是$X(j)$的收益值（Payoff Value）。虽然每个人对各队获胜概率的估计值是未知的，但是，如果双方都认为他们进行的是公平的下注游戏，则可以计算得出相应的概率。这是因为，除了基本等式（1-9）（在这里即为$p_1 + p_2 = 1$）外，式（1-23）还引入了一个附有"额外信息"的等式。通过两个方程式和两个未知数，我们可以得出答案。

进一步说明，鲍勃给出的25∶1的赔率定义了随机变量

$$X_B(V) = 1, \quad X_B(GB) = -25$$

其中，如果 V 队获胜，则鲍勃赢得 1 美元。但是如果 P 队获胜，则鲍勃支付 25 美元。假设鲍勃将之视为公平的打赌游戏，我们可以确定鲍勃心中认为的 V 队获胜［用 $p_B(V)$ 表示］和 P 队获胜［用 $p_B(GB)$ 表示］的概率。

根据"公平的打赌游戏"的定义以及式（1-9），我们有

$$p_B(V)X_B(V)+p_B(GB)X_B(GB)=p_B(V)\times1+[1-p_B(V)]\times(-25)=0$$
(1-24)

即 $26p_B(V)=25$。因此，对于鲍勃而言，他的隐含概率（Implicit Probability）或者主观概率（Subjective Probability）表明 V 队很有可能获胜。因为

$$p_B(V)=\frac{25}{26}, \quad p_B(GB)=\frac{1}{26}$$
(1-25)

类似地，苏对比赛的隐含概率分布为

$$p_S(V)=\frac{5}{11}, \quad p_S(GB)=\frac{6}{11}$$
(1-26)

我们之所以在这里引入"公平的打赌游戏"的概念，是因为它被广泛运用。在之后的内容中，我们也会进行更多的讨论。事实上，要找到这些人的主观概率，我们仅仅需要第二个式子。以鲍勃为例，如果他希望每下注 10 美元就可以获得 5 美元的回报，那么式（1-24）可以写成

$$p_B(V)\times10+[1-p_B(V)]\times(-250)=5$$
(1-27)

得到 $p_B(V)=\frac{51}{52}$ 以及 $p_B(GB)=\frac{1}{52}$。因此，只需要两个方程和两个未知数，我们可以既准又快地以概率描述任何打赌游戏，这种描述方式并不仅仅局限于公平的打赌游戏。

1.3.2 获利

如果鲍勃和苏给出的赔率使得双方都认为该打赌游戏是公平的，那

么为什么参与者仍有可能从他们那里赚钱呢？为了提高胜率，获得有保证的收益，参与者对公平的下注游戏并不感兴趣，他们关注的是那些有着能够实现获利的游戏设置。考虑到式（1-23）中同时包含概率与随机变量 $X(V)$、$X(GB)$，因此若想将"公平的打赌游戏"转变成对参与者有利可图的游戏只有两种途径——改变概率或者改变收益（也就是那些随机变量的取值）。

不同的对手方往往会以不同的赔率在游戏上下注，这便改变了参与者打赌时的事实概率。为了说明这一点，我们可以看到，基于不同对手方给出的不同赔率，参与者实际面对的游戏概率是

$$p_B(GB) + p_S(V) = \frac{1}{26} + \frac{5}{11} \approx 0.4930 < 1 \qquad (1\text{-}28)$$

这与式（1-9）不符。当市场并非完全有效，各个事件的主观概率之和不为 1 时，会带来套利的机会。因此，式（1-28）的不等号实际消除了随机效应，即无论发生什么情况，它都能确保实现获利。正如后文将出现的在金融领域举足轻重的布莱克-斯科尔斯（Black-Scholes）方程，正是出于消除随机效应（Random Effects）而诞生的。

当然，如果鲍勃和苏各自为每支球队提供相同的赔率，则无法通过下注以确保获利，因为式（1-28）中的真实概率值的总和为 1。通常情况下，低效的市场环境往往是套利活动的温床。

为了强调这一点，回到橘党和绿党政治选举的例子（见 1.1.7 节）。简给出的赔率是 $\frac{1}{2}:1$。如果这是个公平的打赌游戏，则 p_J（绿党）$+ p_J$（橘党）$= 1$。其中，公平的打赌游戏可以表达（根据她的赔率）为

$$p_J(\text{绿党}) - \frac{1}{2} p_J(\text{橘党}) = 0$$

通过求解，可以看出简是绿党的消极支持者，因为她认为她支持的党派只有

$$p_J(绿党) = \frac{1}{3}$$

的概率会取胜。与此同时，我们可以看出米可支持橘党，而且并不悲观。我们有 $p_M(绿党) + p_M(橘党) = 1$，而公平的打赌游戏意味着

$$-\frac{4}{5}p_M(绿党) + p_M(橘党) = 0$$

因此，米可对于橘党获胜的主观感受为

$$p_M(橘党) = \frac{4}{9}$$

现在我们考虑泰勒所面对的困境。他以简作为对手方对橘党押注的隐含概率为 $p_J(橘党) = 2/3$，对绿党向米可押注的隐含概率为 $p_M(绿党) = 5/9$。和式（1-28）不等号的方向不同，泰勒遇到了相反的情况：

$$p_J(橘党) + p_M(绿党) = \frac{2}{3} + \frac{5}{9} = \frac{11}{9} > 1 \qquad (1-29)$$

上式与式（1-9）不符，实际与泰勒的利益背道而驰，这也解释了缺乏套利机会的原因（见1.1.7节）。

用另一种方式进行解释，假设简和米可是一个赌博集团的代理人。若式（1-29）成立，则赌博集团面对的概率为

$$p_J(绿党) + p_M(橘党) = \frac{1}{3} + \frac{4}{9} = \frac{7}{9} < 1$$

因此，该集团将收益的预期结果从公平的"零获利"变成了"稳得获利"。

1.3.3 赛马

式（1-29）中不等号传达的信息表示，如果参与者面对所有事件的隐含概率之和等于或超过1时，则不存在套利机会。这种情况往往发生于存在超过两个可能的事件时。

一个很自然的例子是美国轮盘赌轮（American Roulette Wheel），如

图 1-3 所示，它为赌场提供了高于 5% 的超额获胜概率○。这种超额获胜概率产生的原因在于，该轮盘赌轮包含了一个双零绿色插槽，因此事实上总共有 38 个插槽。比起使用与赌博相关的例子（尽管读者可能会认为这个例子更有价值），我们用一个更简单的例子来描述整个过程并解释其背后逻辑。

图 1-3　美国轮盘赌轮○

假设志宏（Zhihong，音译）是一名工作勤奋的教员，但由于工资微薄，他需要在周末兼职以增加收入，因此他经营着一家场外投注站。今天有一场 3 匹马（分别为 A、B、C）的比赛：志宏必须为每匹赛马分别决定获胜收益。在这里，我们暂时认为赛马能力与其获胜收益无关，而与在每匹赛马身上的已下注金额有关。记住，这是一门生意：志宏其实不太在乎哪匹马获胜，但他需要在不管比赛发生什么的情况下，都能从下注的每 1 美元中赚 5 美分，也就是说，志宏希望能在这门生意中获得 5% 的利润。

在下注结束的时候○，假设有 50 美元下注在 A 马身上，30 美元下注在 B 马身上，20 美元下注在 C 马身上。此外，当 K（K = A、B、C）马

○ 本质是双零绿色插槽的设计使得所有红色与黑色出现的事件概率之和小于 1。——译者注
○ 图源于网络。——译者注
○ 打赌的时候，我们可以看到赔率吗？是的，我们可以看到赔率，但是它们仅基于当时每匹马的下注金额，而最终的赔率由下注停止时的下注金额决定。在一些电影中，我们可以看到在比赛开始前大量下注的场景。

获胜时，随机变量 $X(K)$ 表示赛马人在 K 马身上每美元下注金额的获胜收益。利用这些信息，若 A 马、B 马或 C 马获胜，则志宏的收益分别是

获胜马匹	志宏的收益
A	$20+30-50X(A)$
B	$20+50-30X(B)$
C	$30+50-20X(C)$

(1-30)

同样地，通过基本的计算我们就可以确定 $X(K)$ 的值，以确保在每下注的 1 美元中志宏都可以获得 5 美分的固定收益。对于每下注的 100 美元，志宏必须赚取 5 美元。因此，对于 A 马，方程变为

$$5 = 20+30-50X(A), \quad 即 X(A) = \frac{45}{50} = \frac{9}{10}$$

其中赔率是 9∶10（也就是说，获胜者每下注 1 美元可额外收益 90 美分）。⊖ 类似地，

$$X(B) = \frac{65}{30} = \frac{13}{6}, \quad 或者 X(C) = \frac{75}{20} = \frac{15}{4}$$

因此，志宏会设定 A 马的赔率为 9∶10，B 马是 13∶6，C 马是 15∶4。

另一种计算这些值的方法是让 p_K 表示 K 马获胜的隐含收益概率（Implied Winning Prob），同样地，这些概率也由下注量确定。100 美元下注总金额中有 50 美元押在 A 马上，这反映了赛马人的主观想法（基于下注的金额）为 $p_A = 50/100$。由此，

$$p_A = 0.5, \quad p_B = 0.3, \quad p_C = 0.2$$

将式（1-30）中的每个表达式除以下注总额 100 美元，并调整式子为预期每美元获得的收益，从而得到更一般的表达式：

$$(1-p_K) - p_K X(K) = 0.05$$

⊖ 请注意式（1-27）的表达形式。

其中，等式右边表示每下注 1 美元赚取 5 美分的目标。

解出这些方程，可以得到以下值：

马	下注（美元）	p_X	每下注 1 美元的收益（美元）	赔率	隐含收益概率
A	50	0.5	0.90	9∶10	10/19≈0.526
B	30	0.3	2.16	6.5∶3	30/95≈0.316
C	20	0.2	3.75	3.75∶1	4/19≈0.211

(1-31)

第三列表示由下注金额决定的获胜概率，总和为 1。第四列表示每美元下注金额的收益。（与前面的例子不同的是，在赛马比赛中，由于规则的创建者并不相信输钱的人会迫不及待地偿付损失，因此所有下注都是预付的。也就是说，对于押注在 A 马上的每 1 美元，获胜的赛马人会收到返还的 1 美元本金以及 0.9 美元收益。）第五列表示的是真实的"赔率"，就像美式橄榄球比赛的例子一样。

为了理解赛马人获胜的可能性，回想一下，"必然有一匹马获胜"的事件概率为 1，所以每匹马获胜的概率之和是 1。将第三列中的概率相加，可以得到总和为 1。现在，计算某匹马获胜的"隐含"赔率，即最后一列的"隐含概率"。为了理解计算过程，如果第五列的赔率为公平的下注游戏中的取值，那么 $p_A(w)$，$p_A(l)$ 分别表示 A 马获胜或者失败的隐含概率。如果是公平的打赌游戏，我们有

$$p_A(w) \times 0.90 + p_A(l) \times (-1.00) = 0$$

因为 $p_A(l) = 1 - p_A(w)$，所以可以得到 $p_A(w) = 10/19 \approx 0.526$。

事实上，一定会有一匹马赢得比赛。如果它是一场公平的打赌游戏，则有 $p_A(w) + p_B(w) + p_C(w) = 1$。然而，这场游戏从不曾是、也不会是一场公平的游戏。因为若是想要确保盈利，设置的赔率必须对投注站有利。使用上面的数字，我们可以看看投注站到底存在多大的获胜优势，我们有

$$p_A(w)+p_B(w)+p_C(w)=\frac{10}{19}+\frac{30}{95}+\frac{4}{19}\approx 1.053$$

很明显，这场游戏对赛马人不利。如果志宏要确保盈利，那么他肯定会这样设置赔率。读者有理由怀疑这个例子中的隐含赔率是否合理。其实并不尽然。如果我们以许多真实的下注比赛的赔率作为对比，例如一些体育运动，它们的概率之和通常至少是 2，而不是"公平"打赌游戏的 1。（这一现实让我们意识到作为参与者的胜算到底有多"高"。）

▶ 1.4 习题

1. 天气预报员稳下雨（Gonnarain，意译）非常确定周日会下雨，因此他提供 3∶2 的赔率。记住，如果某人和稳下雨打赌后下雨了，稳下雨会收走所有的钱。如果没有下雨，那么稳下雨要为下注的每 2 美元支付 3 美元。

另一个频道的天气预报员总晴天（Alwaysunny，意译）认为星期天不会下雨，因此她提供 4∶3 的赔率。

（a）一个人有 100 美元。设置一个对冲策略使得无论周日发生什么，这个人都将赢得同等金额的钱。

（b）画出两条利润线。

（c）无论发生什么情况，这个人能得到多少稳得收益？

（d）两个天气预报员都认为他们在进行一个公平的打赌游戏。也就是说，他们愿意接受任意一边。确定每个人认为周天下雨和不下雨的概率。

（e）将总晴天认为会下雨的概率和稳下雨认为不会下雨的概率相加。将稳下雨认为会下雨的概率和总晴天认为不会下雨的概率相加。你注意到了什么？当下注对你有利时，答案如何帮助你理解？

2. 对于今晚要进行田纳西（Tennessee）和佛罗里达（Florida）的比赛，有两个人对此有不同的看法。其中一个人支持田纳西并且愿意给出 11∶10 的赔率，另一个人支持佛罗里达并愿意给出 5∶3 的赔率。分析确定每个人的下注金额。如果海莉（Heili）有 100 美元的投资金额，她可以保证赚多少？

3. 上述讨论展示了如何指定的赔率使得"公平的下注游戏"转换为参与者对事件发生可能性的信念。下面是相关的问题。

（a）托利科（Torik）对明天会有人上课迟到给出 5∶3 的赔率。他认为这个事件有多大概率会发生？

（b）米可认为，至少有五名来自该班的学生将有 60% 的可能会参加下一场篮球比赛。如果他要设置赔率，应该如何设置？

（c）将 60% 改为 70%。现在赔率是多少？

4. 假设约翰（John）提供了老师明天是否会进行课堂测验的公平的打赌游戏的赔率。他相信明天会进行测验，并提供 $a∶b$ 的赔率。约翰视之为公平的打赌游戏。计算他分配给测验和不测验的概率。

5. 回到可能会发生的课堂测试，苏相信会有课堂测试并给出了 3∶2 的赔率，托利科认为不会有课堂测试并给出 3∶1 的赔率。托利科给出的赔率非常具有诱惑力。你有 200 美元，并可以承受 20 美元的损失。现在，一种可能性是只和托利科打赌下注 20 美元。如果没有测试，他将赢得打赌游戏并收走你的 20 美元。如果有测试，你将赢得游戏，同时他将欠你 60 美元的赔付额。但是，通过对冲策略，你可以在不需要面临任何更多的风险的情况下下注更多。解释如何实现该对冲策略以及如果有测试的话你可以赚多少。

6. 在奥运会决赛中，只有三支代表队参加——美国、英国和中国。斯韦特兰娜（Svetlana）相信美国会获胜并给出 1∶1 的赔率。罗伯托（Roberto）支持英国并给出 2∶1 的赔率。（所以，如果英国取胜，罗伯托会收回他的赌金。如果另外两支代表队中的任意一支取胜,罗伯托将为每美元的下注赔付2美元。)最后,杰夫(Jeff)支持中国并给出5∶4的赔率。请你确定为了实现最大获利而分配100美元的最优方法。

从这个例子中,我们可以得到的信息是,每当过度自信导致个人提供很大的赔率时,如在政治运动中,参与者都可以从中套利。为了理解该例中的套利机会,首先,把100美元平均分成三份分别和以上三人打赌,实际上你会赢两次输一次(因为他们三人中只可能有一人获胜),那么实际上游戏的一笔赢利弥补了另一笔损失,而第三笔则是赢家的收益。

这个练习和性别的例子一样,也强调了理解提供的信息的重要性。当和其中一个人(如杰夫)打赌时,是赌中国的输赢,还是要求你成立一个团队,只有当你的团队赢了,你才能赢钱,差别是巨大的。请将前者作为练习。此外,以此作为挑战,你可以解决后者的问题吗?

7. 使用一枚瑞典克朗硬币,假设当它在边缘旋转时,最终正面朝上的可能性是0.2。如果 X 是随机变量,其中

$$X(H) = 1, \quad X(T) = -1$$

找到期望值 $E(X)$、方差 $\mathrm{Var}(X)$,以及用标准形式表达 X。

8. 使用一枚美国美分硬币,假设当它在边缘旋转时得到正面朝上的可能性是0.3。如果 X 是随机变量,其中 $X(H) = 1$,$X(T) = -1$,请找到期望值 $E(X)$、方差 $\mathrm{Var}(X)$,以及用标准形式表达 X。

9. 下一个问题和骰子有关。

(a) 在掷骰子时,如果每个数字被掷到的可能性都相同,则被称为"公平骰子",这意味着一个特定数字出现的概率是1/6。当掷骰子时,期望值是多少?方差呢?

(b) 当投掷两个公平骰子并将朝上面的数字加总时,数字1不可能出现,所以这个事件的概率为0。那么2,3,4…的概率是多少呢?(提

示：在解决这个问题时，假设你有一个红色和绿色的骰子。）期望值是什么？方差呢？

10. 假设从区间 $[0,1]$ 选择一个数的概率由 $f(x) = Cx$ 给出。

(a) 求解 C 的值使得这是一个概率分布。

(b) 求解选出的数在区间 $[0,1]$ 的概率。求解选出的数在区间 $[1,2]$ 的概率。两个答案并不同，为什么？

(c) 如果 $X(x) = x$ 表示被选出的数的值，且为随机变量。$E(X)$ 是什么？$\mathrm{Var}(X)$ 呢？

11. 假设 PDF 由 $f(x)$ 给出。$x<0$ 和 $x>4$ 时，$f(x)=0$。对于 $0 \leq x \leq 4$，$f(x)$ 为常数。（这是一个正态分布，每个点都是等可能的。）

(a) 求解常数的值。

(b) 求解当采用这个分布时选择一个大于 3.5 的 x 的概率。

(c) 如果 $X(x) = x$（所以，它等于被选取的值），求解 $E(X)$ 和 $\mathrm{Var}(X)$。

12. 假设 PDF 由 $f(x)$ 给出，对于 $1 \leq x \leq 8$，$f(x) = Cx^2$，否则为 0。

(a) 求解 C 的值。

(b) 求解采用这个 PDF 随机选出一个点在 1.5~2 之间的概率。

(c) 如果 $X(x)=x$，求解 $E(X)$ 和 $\mathrm{Var}(X)$。

13. 一家为考试印刷蓝皮书的公司根据售出的图书数量赚取收益。假设利润为

$$P(x) = 2(1 - e^{-2x})$$

式中，x 是图书的需求或者售出的数量。当然，需求由概率分布决定。毕竟，我们不能保证在任何时候都会有特定的需求。因此，需求的 PDF 由下式给出

$$f(x) = \begin{cases} 6e^{-6x} & \text{若 } x \geq 0 \\ 0 & \text{若 } x > 0 \end{cases}$$

(a) 证明上式是 PDF。

(b) 求解公司的期望收益。

(c) 因为公司担心利润的变化，所以，建立积分求解利润的方差。

14. 证明 $\mathrm{Var}(aX+b) = a^2\mathrm{Var}(X)$。

我们知道标准形式是 $Z = \dfrac{X - E(X)}{\sigma}$，其中 $\sigma^2 = \mathrm{Var}(X)$。利用上式计算 $\mathrm{Var}(Z)$。

15. $\mathrm{Var}(X) = E(X^2) - [E(X)]^2$ 是利用积分的性质证明得到的。请在离散的情况下证明该式。

16. 假设有一个场外投注站，在一场四匹马的比赛开始之前，已经有 600 美元押注在了 A 马上，300 美元押注在了 B 马上，400 美元押注在了 C 马上，200 美元押注在了 D 马上。投注站的主人希望能够在每 1 美元的赌注上获得 3 美分的收益，请确定每一匹马的收益。

17. 在课堂的第一次测试中，巴伯（Barb）获得 66 分，戴夫（Dave）获得 71 分，该次测试的平均分是 70 分，$\sigma = 25$。在第二次测试中，巴伯获得 87 分，戴夫获得 84 分，该次测试的平均分是 85 分，$\sigma = 5$。他们的得分很接近。请论证，巴伯是两人中表现更好的那个。

第 2 章 期　　权

我们在第 1 章学习了一种降低风险的好方法，即针对某一件事的各种可能情形下注。为了将这种方法应用到金融领域，本章介绍了适用的市场工具，其特征与先前讨论过的类似。

2.1　看涨期权

安娜（Anna）从一家供应商处购买橘子并将其卖到食品商店。为了能在这个行业生存下去，稳定的环境是必不可少的。但是，我们可怜的经销商的命运却受到诸多因素影响——例如天气情况、昆虫、经济情况、贸易战或者任何预谋甚至意外都可能导致她的破产。出于多种原因，对安娜而言，最有利的规避风险的方法之一可能是签订一份合同，以保证在特定的日期能够从供应商处以事先商定的价格购买到一定数量的橘子。

我们的目标是找到一个供应商，签订一份**看涨期权（Call）合同**。这意味着作为经销商的安娜**能够**根据自己的意愿，在特定的日期打电话⊖给供应商，要求在指定的**到期日（Expiration Date）** T 以特定的价格（称为**执行价格**或**敲定价格，Exercise or Strike Price**） E 购买一定量的橘子。这一描述的关键在于"能够"⊜：如果她愿意的话，安娜可以执行合

⊖ 打电话和看涨期权的英文单词都为 Call。——译者注

⊜ "能够"这一词很重要。形成对比的是，一个"未来的合同"（这是一个很有趣的话题但是这里未涉及）失去了此种灵活性；它要求在一个特定日期以特定的价格进行买卖。为了说明差别，如果价格下降，就没有理由去执行看涨期权，但是未来的合同却已经固定了。这就解释了为什么在大幅下降的石油价格与汽油价格之间会存在时间差——炼油厂被限制在了较高的未来合同价格之中。

同，但她也可以选择不执行。这个合同为她提供了一种法律权利，而不是义务。但是这个合同对供应商而言是一项义务。

2.1.1 买入看涨期权

为了更加准确地表述概念，我们假设3月9日将举办一场珍本书展。卡特里（Katri）有一本保存完好的阿加莎·克里斯蒂的《东方快车谋杀案》。今天，她可以以100美元的价格卖出㊀。艾瑞克（Erik）对此很感兴趣，但是他不确定是现在就买还是在书展上买。另外，艾瑞克担心书是否会涨价，比如，在书展的时候涨到120美元。换言之，艾瑞克面临的问题是需要决定：

（1）现在买书。

（2）和卡特里达成一个法律协定，给予他在书展当天以100美元的价格买到书的权利。（所以，到期日 T 是3月9日，执行价格 E 是100美元。）

看涨期权赋予了买方艾瑞克决定交易的法律权利。如果卡特里签署了合同，她必须承担相应的义务，即如果艾瑞克打电话要求购买这本书，她必须遵从艾瑞克的决定。

从看涨期权中获得的利润

在确定这份合同为艾瑞克带来的价值之前，得先记住，看涨期权为买方提供的是买或不买的法律权利，到期日当天的情况是决定因素。艾瑞克的决策取决于书展那天（到期日）的情况。

如果3月9日《东方快车谋杀案》一书的市场价格低于100美元，艾瑞克对于购买卡特里的那册书就会毫无兴趣。如果他能在别处以一个更低的价格买到这本书，那么执行合同就显得有些愚蠢了。另外，如果

㊀ 珍本的价格范围很广。如果这本书是有完整封面的原版，则可以卖到千元的价位。保存完好的更为普遍的版本的价格会在示例的范围之内。

书的价格为120美元,那么艾瑞克就会执行合同,即以协定的执行价格100美元购买卡特里的书,他能够从中获得20美元的利润。

图2-1的实线表示的就是这种情况。如果书变得更贵了,那么艾瑞克在 $t=T$ 时刻的利润就是当前价格 S 和执行价格 E 之差,即 $S-E$。一般而言,艾瑞克的利润是

$$\text{从 Call}_E(S,t)\text{中获得的利润} = \max(0, S-E) \tag{2-1}$$

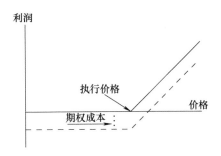

图2-1 分析看涨期权

如图2-1的利润线所示,其斜率要么为0,要么为+1。

合同的价值

为什么像卡特里这样聪明的女性会同意这样一个看似对她不利的愚蠢合同呢?毕竟,这份看涨期权将优势让给了艾瑞克,而卡特里需要承担履行义务。艾瑞克可以决定未来会发生什么,即是否去行使这项权利,并且只有在会损害卡特里利益的情况下他才能通过购买这本书获益。

虽然卡特里会把这种权利让给艾瑞克,但是他需要支付一定数量的金额给卡特里,之后卡特里才会签署这份期权合同。现在的问题就是要确定合同的价值。她应该收取多少钱?

在掌握适当的数学工具后,我们将对这一定价问题进行详细分析。为了培养分析直觉,我们先举一个简单的例子,假设

- 书价有1/3的概率会达到120美元。
- 书价有2/3的概率会降到90美元。

或许，卡特里会收取"3月9日书的期望价值"与执行价格价之间的差价。

为了分析这个策略，首先我们要计算出期望价值：

$$E(书价) = \frac{1}{3} \times 120 \text{ 美元} + \frac{2}{3} \times 90 \text{ 美元} = 100 \text{ 美元}$$

因为期望值与执行价格之间的差值为0，所以这种定价方法表明，卡特里白白送给了艾瑞克这项权利。这也太愚蠢了！她肯定不会这样做的！

确定期权价值的另一种方法是关注它对艾瑞克的意义，即将价格基于艾瑞克获得看涨期权的预期收益制定。这种方法将重点转移到艾瑞克的潜在利润上。即

- 价格是120美元的概率是1/3，那么艾瑞克会购买这本书，然后迅速转卖，获得20美元的利润。
- 价格小于或等于100美元的概率是2/3，此时艾瑞克不会以100美元的价格从卡特里那里购买这本书，因为他会赔钱。在这种情况下，艾瑞克的收入是0美元。

这种方法中的随机变量是从看涨期权中获得的期望利润，即

$$E(看涨期权利润) = \frac{1}{3} \times (120 \text{ 美元} - 100 \text{ 美元}) + \frac{2}{3} \times 0 \text{ 美元} = 6\frac{2}{3} \text{ 美元}$$

同时，这也将是期权的价值。有了这些信息，看涨期权的价格就变成了一场"公平打赌"，即卡特里和艾瑞克双方都不会占到对方的便宜。

注意，在现实中看涨期权的价值并不是这样计算的。一方面，在这个例子中，关于书价如何变动的概率分布是已知的，但现实生活中概率往往是未知的。比如，谷歌公司的股票明天正好涨到10美元的概率是多少？另一方面，买入和卖出看涨期权是为了赚钱，因此，正如我们将在第6章中讨论的布莱克-斯科尔斯方程，该方程在为看涨期权定价时还需考虑来自市场的压力和套利的影响。不过，我们通过这个买书的例子来讨论期权定价的核心优势在于，它抓住了问题的关键，同时指出了看涨

期权价格变化的原因。

为了理解执行价格对期权价值的影响,我们将期权的执行价格提升至 110 美元,并用同样的方法计算此时的期权价值,我们会得到一个相对较小的结果:

$$\frac{1}{3} \times (120 \text{ 美元} - 110 \text{ 美元}) + \frac{2}{3} \times 0 \text{ 美元} = 3\frac{1}{3} \text{ 美元}$$

这也说得通,因为执行价格越高,买方的获利就越少,所以看涨期权的价值就越小。反之,执行价格越低,期望利润越高,看涨期权的价值就越高。一般而言,

看涨期权的价值会随着执行价格的增加而单调减少。

假设艾瑞克支付了 $6\frac{2}{3}$ 美元去购买一份执行价格为 100 美元的看涨期权。一旦这样做了,图 2-1 中的利润曲线必须向下平移,如图 2-1 中的虚线所示。艾瑞克若想实现收支平衡,到期日书的价格必须达到至少 $106\frac{2}{3}$ 美元。在价格更高的情况下,艾瑞克才会获利。如果价格达到 120 美元,艾瑞克则会获得 $\left(20 - 6\frac{2}{3}\right) / \left(6\frac{2}{3}\right) = 200\%$ 的利润。如果价格下跌,艾瑞克不会通过行权来购买这本书,他会损失掉期权的价格,导致 100% 的损失。

留给读者一个问题:如果在 $t = T$(到期日)时书的价格是 105 美元,低于艾瑞克可实现获利的价格,艾瑞克应该怎么做?

比较

购买"看涨期权"是明智的吗?这个问题只能通过比较不同的选择来回答。例如,假设泰勒有 100 美元可用来交易旧书,他可以选择购买一本《东方快车谋杀案》,也可以把钱都用来购买看涨期权。

为了便于计算,假设购买执行价格为 100 美元的一份看涨期权需要花费 5 美元。按照这个价格,泰勒可以购买 100 美元/5 美元 = 20 份看涨

期权。

- 如果书价升至120美元，每份看涨期权都会被执行。每通过行权购买一本《东方快车谋杀案》，立即以当前价格出售，取得收益120美元－100美元＝20美元。扣除购买看涨期权的5美元成本，利润是15美元。对于20份看涨期权而言，投资成本为100美元，总利润为300美元，或者我们可以说利润达到了300%。
- 如果价格跌至90美元，则泰勒不会执行看涨期权。所有买期权的钱都损失了。

另外，如果泰勒是风险厌恶型投资者，比起购买期权，他选择用100美元直接购买这本书，他将面对以下两种情形：

- 如果价格升至120美元，他可以出售图书获得20美元的利润。
- 如果价格跌至90美元，他将损失10美元。

不同的途径给出了不同水平的风险和回报。

综上所述，直接购买图书获得的利润以及亏损都更小，破产的风险也更小。而购买期权，

（1）购买者的投资金额较小。

（2）破产的风险更大。

（3）大概率能获得更可观的利润。理论上来说，利润率可以达到无穷大。然而，只有当价格上涨到超过执行价格时，这种情况才会发生。

2.1.2 卖出看涨期权

买入看涨期权被称为持有多头头寸（看多，Long），用$C_E(S,t)$表示。其中，E是执行价格；S既可以表示标的资产（通常是股票），也可以表示标的资产的价格；t是时间，反映了看涨期权的价值如何随着时间的推移而变化。

卖出看涨期权被称为持有空头头寸（看空，Short），这里我们用负

号来表示空头（Short Position），或者 $-C_E(S,t)$。在《东方快车谋杀案》的例子中，卡特里把期权卖给了泰勒，这就是在做空。卡特里的利润曲线如图 2-2 所示，她的利润源于卖出期权。从这条曲线中可以确定损益。

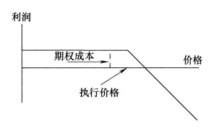

图 2-2　卖出看涨期权的分析

（1）卖出看涨期权的风险无下限，即如果标的价格上升到足够高的水平，卖方的损失将是无限的。

（2）如果标的价格不上升，卖方则可实现稳得获利。

就像美式橄榄球比赛的例子一样，不同的人会对未来发生的事情持有不同的看法，在这个例子中，具体体现为人们对价格可能会如何变化持有不同意见：买入看涨期权的人预期标的价格会上涨，而卖出看涨期权的人则预期标的价格将保持不变或下降。

再举一个做空的例子。假设约翰想要做空 Mesmerized 的股票，即他想要卖出这支股票。这个例子稍微有一点复杂：约翰自己其实**并没有 Mesmerized 的股票**。但这对具体的做空操作其实没有影响。为了避免违规，他们通常会用以下方式实现做空：约翰打电话给他的经纪人，要求做空。经纪人从某处"借来"股票，可能是从玛丽（Mary）那里。然后经纪人会卖掉股票，把钱给约翰。这里我们用 $-S$ 来表示对股票做空。

但是约翰必须在指定的时间归还股票。那么，他执行这一系列操作的原因是什么呢？约翰是如何预期股价波动的呢？

2.1.3 对冲

约翰只是做空了这只 Mesmerized 股票，他以 100 美元的价格卖掉了它。他之所以这样做，是因为他预期 Mesmerized 的股价将会下跌。例如，如果股价跌至 80 美元，约翰可以每股花 80 美元很快重新买回股票，然后把它还给玛丽，并且每股迅速获利 100 美元 – 80 美元 = 20 美元。

好吧，但这样操作未免也太冒险了！万一市场突然看好 Mesmerized 股票，以至于其股价飙升到 125 美元。倒霉的约翰就必须以 125 美元的价格重新购买这只股票，以每股损失 25 美元的代价将其归还给玛丽。说不定就像美式橄榄球比赛（第 1 章）的例子一样，在这里我们也能找到一种对冲策略。

要记住的是，实施对冲策略的目的是在价格上涨时为约翰提供保护。如上所述，买入看涨期权的基础在于我们假设标的价格上涨，做空股票的基础则在于预期股价将会下跌。将看涨期权与股票做空相结合，我们用

$$C_{100}(S,t) - S$$

来表示，这样我们对将会发生的所有情况下注。

为了理解这种对冲策略，如果股价正如约翰所预期的那样下跌，他就不用考虑看涨期权，在市场上以较低的价格重新买入用于归还玛丽的股票。但如果股价飙升到 130 美元，约翰就会受到该对冲策略的保护：他可以行使看涨期权，以 100 美元的期权执行价格购入用于归还的股票，而不是以 130 美元的市场高价买进。此时，约翰损失的只是用于购买看涨期权的成本。

这种卖空股票与买入看涨期权相结合的对冲策略为投资者提供了一种安全保障。在后续的章节中，我们将继续讨论期权如何为投资提供保护。

2.2 看跌期权

与看涨期权相对的是看跌期权：某人拥有卖出某标的物的权利，即将标的资产以一个特定的价格（执行价格 E）在一个特定日期（到期日 T）出售，看跌期权用 $P_E(S,t)$ 表示。

2.2.1 买入看跌期权

卖旧书的阿德里安（Adrian）认为，100 美元的价格对于一本《东方快车谋杀案》而言过高了，也就是说他认为价格会下跌。虽然他一本也没有，但阿德里安想基于他对书价的预期，在 3 月 9 日的书展上以 100 美元的价格卖给安妮莉（Anneli）一本。

如果书价下降，安妮莉就可以用更便宜的价格买到这本书，也就没有必要从阿德里安那里花 100 美元来买这本书了。因此，在商定阿德里安需要支付一定费用的基础上，双方都同意阿德里安有权决定是否在 3 月 9 日的到期日以 100 美元的执行价格将书卖给安妮莉。也就是说，阿德里安从安妮莉处购买一份表示为 $P_{100}(S, t)$ 的看跌期权合同，这份合同赋予阿德里安是否将书在市场上卖给安妮莉的权利。

如果图书价格下降，执行合约对阿德里安是有利的。毕竟，如果价格降到 90 美元，他可以从别人那里买一本书，然后以 100 美元的价格将书卖给安妮莉，那么 10 美元的利润就进了他的腰包。另外，如果这本书的价格是 120 美元，阿德里安绝不会以 100 美元的价格卖给安妮莉，阿德里安就不用考虑执行该份看跌期权。持有看跌期权，收益和是否执行该合约的权利都归卖方所有。

同样，我们关心的是安妮莉应该为这份看跌期权定价多少。我们可以根据持有期权的人的预期利润粗略计算这一看跌期权定价。我们仍然使用此前关于这本书的一些假设：

- 书价有1/3的概率达到120美元，那么阿德里安不会通过行使看跌期权卖掉这本书，所以他的利润是0。
- 书价有2/3的概率跌到90美元，此时阿德里安会行使看跌期权从而实现获利10美元。

因此，看跌期权的期望价值是

$$\frac{1}{3} \times 0 \text{ 美元} + \frac{2}{3} \times 10 \text{ 美元} = \frac{20}{3} \text{美元} = 6\frac{2}{3} \text{美元}$$

所以该期权的价值是 $6\frac{2}{3}$ 美元，恰好与执行价格相同的看涨期权的价值一致。

在这两个例子中，这仅仅是一个巧合。为了证明看跌期权和看涨期权的价值有何不同，我们可以假设看跌期权的执行价格为110美元（书价跌至90美元）。也就是说，如果3月9日当天阿德里安想通过行权出售这本书，安妮莉就必须以110美元的价格从阿德里安手中购买。显然，执行价格越高，阿德里安可以获得的利润越大。现在看跌期权的预期价值是

$$\frac{1}{3} \times 0 \text{ 美元} + \frac{2}{3} \times (110 \text{ 美元} - 90 \text{ 美元}) = \frac{40}{3} \text{美元} = 13\frac{1}{3} \text{美元} \quad (2\text{-}2)$$

所以，随着执行价格的提升，看涨期权的价值减少，但看跌期权的价值会提高。

回到看跌期权，如果标的价格下降，阿德里安可以以较低的价格购买一本书然后卖给安妮莉，这保证了阿德里安的利润。如果价格上涨，阿德里安不会行使这一看跌期权，否则他会遭受损失，不过他的损失仅限于用来购买期权的成本。图2-3描述了阿德里安将面对的情况，显示看跌期权可能带来的损益。具体利润由下式给出：

$$P_E(S,T) = \max(0, E-S) \qquad (2-3)$$

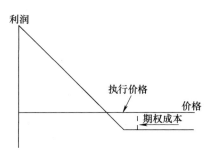

图 2-3　看跌期权的分析

（1）如果标的资产价格下降，买入看跌期权即可实现获利。

（2）看跌期权的买方只需承担有限风险。

2.2.2　卖出看跌期权

"卖出看跌期权"指当某人卖出这样一份"看跌"的合同。利润曲线相对于标的价格的变化如图 2-4 所示。

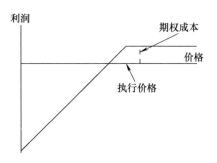

图 2-4　卖出看跌期权的分析

2.2.3　一些行业术语

在总结本节时，我们还须关注一些行业术语。一个常见的术语是"in the money"，通常用 ITM 表示。让我请读者预测一下，当这个词应用于看涨期权或看跌期权时，意味着什么？

就像你所猜测的那样，"in the money"是指期权是"实值期权"，此时该期权是有价值的。$C_E(S,t)$在$S>E$时是有价值的，即如果当前或现货价格（Spot Price）大于执行价格，看涨期权就是"实值期权"。对于看跌期权$P_E(S,t)$而言，一切都是反过来的：它的价值源于标的现价S低于执行价格E，所以如果标的现价S低于执行价格E，那么看跌期权就是"实值期权"。

"out of the money"，或者OTM，含义明显相反。对于期权而言，OTM表示标的资产的现价无法使期权实现获利。因此，如果标的现价S小于执行价格E，那么看涨期权$C_E(S,t)$就是"虚值期权"。如果标的现价S大于执行价格E，看跌期权$P_E(S,t)$就是"虚值期权"。从中我们可以发现看跌期权和看涨期权差异在于，当$P_E(S,t)$是ITM时，$C_E(S,t)$是OTM。

正如我们不断提及"实值期权"和"虚值期权"这些概念一样，肯定也存在一个中间概念，即"at the money"或"ATM"，表示"平值期权"。很自然，对于平值期权而言，当前的标的现价与执行价格相近。

2.3 对冲

上述内容介绍了基本的术语。在所有情况下，投资者都面临一定的风险因素。就像美式橄榄球比赛的例子一样，我们对冲策略的目标是寻找如何通过在双边下注从而将风险最小化。

或许我们可以从侧面强调对冲的重要性：许多律师，包括我自己的私人朋友，都起诉过那些没有做好对冲的基金经理，因为他们的疏忽可能导致客户遭受不必要的经济损失。

2.3.1 跨式组合

在市场动荡、价格涨跌形势不明朗的情况下，一种策略是同时买入具有相同的执行价格与到期日的一份看涨期权和一份看跌期权，这样，无论价格上涨或下降，至少有一份期权能为投资者带来收益。该策略与第 1 章中美式橄榄球比赛的例子相似，相当于同时对 V 队和 P 队下注。

这个投资组合

$$\text{Port}(S,t) = P_E(S,t) + C_E(S,t) \tag{2-4}$$

被称为跨式组合。如图 2-5 所示，虚线代表买入的看涨期权与看跌期权组合，实线则考虑了同时买入两份期权的购入成本。我们将图中的损益分析留给读者。

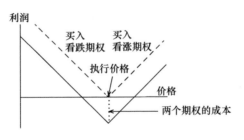

图 2-5　跨式组合

讲到这儿，我就有必要提一下前几年我在给班上同学介绍这个策略时发生的事情，那时有一家公司正在等着法院的裁决。

如果公司诉讼失败，公司的股价会下跌，相反，如果公司胜诉，股价就会飙升。因此我们会看到，公司股价在未来将会发生波动，但没人知道诉讼的最终结果，因此也无法判断股价会如何变动。跨式组合解决了这个难题：因为无论股价朝哪个方向变动，投资者都能获利。只有在价格保持不变的情况下，跨式组合才无法带来盈利，比如法院推迟裁决。但是法院推迟裁决的概率很低，因此那些胆大的学生总能获益。

看跌期权和看涨期权的执行价格不必完全相同，当它们不同时，这种组合被称为异价跨式组合，如图2-6所示。留给读者的问题是，为什么有人更喜欢异价跨式组合，而不是跨式组合呢？（提示，执行价格的变化是如何改变期权的收益和成本的？）

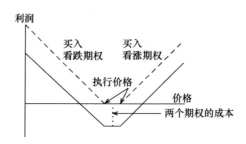

图2-6　异价跨式组合

作为一个相关问题，读者应该思考如何利用卖出的看涨期权和看跌期权实现对冲。练习部分为读者提供了示例。

2.3.2　设计投资组合

有很多广为人知的途径来实现期权的投资组合，将看涨期权和看跌期权视为一个资产组合或投资策略的组成部分，如跨式组合和异价跨式组合，这些将在本章末尾的练习4中提到。但是，为了帮助大家更好地理解不同的策略组合是如何实现盈利及其背后的逻辑，并能基于此构造属于你自己的策略来把握当前的机会，我们必须掌握如何构造新策略。尤其重要的是，读者应当要做到能够自己构造一个期权组合，并画出在到期日的利润曲线。相对地，为了得到期望的利润曲线，你应该能够设计相应的期权组合。让我们接着往下看。

由图2-7可知，它描述的仍然是之前约翰做空 Mesmerized 股票的例子。图2-7a 是利润曲线。只要股票价格低于执行价格 $E = 100$ 美元，约翰就能实现盈利。x 轴上方斜率为 -1 的直线表示，每当股价下降1美元，利润就会增加1美元。而 x 轴下方的直线则表示对约翰来说，如果股价超过执行价格 E 时，价格每增加1美元就意味着1美元的损失。

图 2-7b 显示出在这份期权组合中，买入一份看涨期权是如何来挽救损失的！当 Mesmerized 的股价 S 低于执行价格 E 时，这份看涨期权对约翰来说毫无价值。但是每当股价 S 高出执行价格 E 时，这份看涨期权就可以为约翰实现1美元的获利，这就是看涨期权 C_E 的利润曲线斜率为 $+1$ 的背后含义。这1美元的利润挽回了约翰做空该股所造成的损失，因此损失和利润抵消了。因此，我们得到了图 2-7c，这就是利润曲线（不含购入期权的成本）$C_E(S,t) - S$。图 2-7c 中的虚线表示可抵消的盈亏部分。

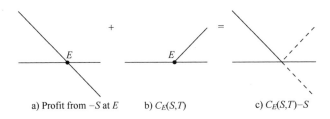

a) Profit from $-S$ at E　　b) $C_E(S,T)$　　c) $C_E(S,T)-S$

图 2-7　卖出看涨期权

在图 2-8 中，我们给出一条脱离现实的假想利润曲线，其目的是确定曲线所展示的投资组合。括号中的数字，如 -2，表示对应部分直线的斜率。

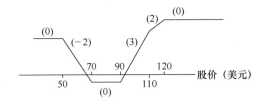

图 2-8　利润线示例

若想解释这条曲线，我们得首先假设：图中的这位投资者预期价格或许会超过90美元，并且最终可能会保持在110~120美元之间，但不太可能会超过120美元。尽管股价可能会跌到70美元以下，但也不大可能跌至50美元以下（读者必须得明白这些波动的股价与利润曲线形状间的关系）。我们的任务是仅以看跌与看涨期权为工具，构造出一个期权组合来实现这条利润曲线。目前我们暂时不考虑购入期权的成本。这项任务可以通过以下三种方法完成：

（1）构造一个只使用看涨期权的投资组合，即买入或卖出看涨期权。

（2）构造一个只使用看跌期权的投资组合。

（3）假设今天股票的价格是80美元。使用看涨和看跌期权的组合构造一个成本较低的投资组合。

仅使用看涨期权

若要使用这种方法，我们可以借鉴图2-1与图2-2来构造这条利润曲线。从图2-8的最左边看，利润曲线在$S=50$时斜率由0变为-2，这就需要卖出看涨期权（图2-2），即第一项是$-2C_{50}(S,t)$。在$S=70$时，斜率变为0。当股价高于70美元时，高出的每1美元均表示此前卖空的$-2C_{50}(S,t)$给投资者带来2美元的损失。因此，若想在股价超过$S=70$时实现获利，我们可以通过买入看涨期权来实现获利。因此，为了抵消在股价上升时卖空两份期权$-2C_{50}(S,t)$所带来的损失，我们可以购买两份看涨期权，从而得到$-2C_{50}(S,t)+2C_{70}(S,t)$。

下一条分段函数表示当股价$S=90$时，利润曲线的斜率变成3，即当股价超过90美元时，每超过1美元就能赚3美元。这意味着我们需要三份看涨期权$-2C_{50}(S,t)+2C_{70}(S,t)+3C_{90}(S,t)$。这个期权组合为股价超过90美元的每1美元提供3美元的利润。但曲线斜率在$S=110$后有所缓和，此时，股价每增加1美元可以得到2美元的利润。我们可以通过卖出看涨期权来实现利润曲线的斜率从3到2的减少：

$$-2\,C_{50}(S,t) + 2\,C_{70}(S,t) + 3\,C_{90}(S,t) - C_{110}(S,t)$$

最后，这条利润曲线要求在 $S=120$ 之后盈亏相抵。我们可以通过卖出两份看涨期权来实现这点：

$$\text{Port} = -2\,C_{50}(S,t) + 2\,C_{70}(S,t) + 3\,C_{90}(S,t) - C_{110}(S,t) - 2\,C_{120}(S,t)$$
$$(2\text{-}5)$$

这里有一个有趣的问题：为什么会有人想通过卖出看涨期权来减少资金流入呢？答案是，虽然这个人不相信市场会出现这种情况，但他仍然可以通过卖出看涨期权以实现做空获利。

仅使用看跌期权

如果我们仅利用看跌期权来构造期权组合，其基本的构造结构如图 2-3 和图 2-4 所示。我在这里可以给个提示：

当我们在处理看涨期权时，我们从利润曲线的左端出发，最终推导至最右端。但当处理看跌期权时，我们可以从右向左分析利润曲线。

因此，当从右向左分析利润曲线时，第一个斜率变化出现在 $S=120$ 处：利润曲线的斜率向下移动。参考图 2-4，我们可知此时应当卖出看跌期权，因此这份期权组合以卖出 2 份看跌期权开始，即 $-2\,P_{120}(S,t)$。在 $S=110$ 时，我们可以再卖出 1 份看跌期权来实现利润曲线斜率的进一步下降，即 $-P_{110}(S,t) - 2\,P_{120}(S,t)$。在 $S=90$ 时，利润曲线的斜率变为 0，这说明我们需要买入 3 份看跌期权，即 $3\,P_{90}(S,t) - P_{110}(S,t) - 2\,P_{120}(S,t)$。当 $S=70$ 时，曲线的斜率增加到 2，由图 2-3 我们可知，此时我们需要买入 2 份看跌期权，即 $2\,P_{70}(S,t) + 3\,P_{90}(S,t) - P_{110}(S,t) - 2\,P_{120}(S,t)$。最后，当价格小于 $S=50$ 时，曲线斜率为 0，即我们需要卖出 2 份看跌期权：

$$\text{Port} = -2\,P_{50}(S,t) + 2\,P_{70}(S,t) + 3\,P_{90}(S,t) - P_{110}(S,t) - 2\,P_{120}(S,t)$$
$$(2\text{-}6)$$

这里有一个问题：式（2-5）和式（2-6）之间的系数一一对应。你能解释一下为什么这种关系普遍存在么？其原因反映了看涨期权和看涨期权之间存在的二元性。

混合选择

若想同时使用看跌期权与看涨期权以构造期权组合，我们可以在股价高于 $S=80$（今日价格）时使用看涨期权，低于 80 时使用看跌期权。在分析过程中，读者须按照此前的做法：使用看涨期权时从左向右分析利润曲线。由于图 2-8 的斜率在 $S=80$ 附近为 0，在股价达到 90 时跳跃到 3，因此这部分的投资组合为买入 3 份看涨期权，即 $3\,C_{90}(S,t)$。以此类推，我们使用看涨期权所构造的期权组合应为 $3\,C_{90}(S,t) - C_{110}(S,t) - 2\,C_{120}(S,t)$。

同样，在使用看跌期权时，我们应从股价为 80 时，从右向左分析利润曲线，可以得到使用看跌期权所构造的部分为 $-2\,P_{50}(S,t) + 2\,P_{70}(S,t)$。因此，该期权组合为

$$\text{Port} = -2\,P_{50}(S,t) + 2\,P_{70}(S,t) + 3\,C_{90}(S,t) - C_{110}(S,t) - 2\,C_{120}(S,t)$$

(2-7)

期权组合的系数与式（2-5）和式（2-6）很相似。不过这可不是巧合。

到底应该用式（2-5）、式（2-6），还是式（2-7）呢？稍微对詹姆斯·卡维尔（James Carville）在 1992 年美国总统竞选期间说过的一句话做一下修改，我们即可得到答案：

"利润决定了一切，笨蛋！"

当今天的股票现价为 80 美元时，再结合式（2-2），我们就能体会到这句话的含义。当执行价格高于当前价值时，购入看跌期权的成本可能过高，而看涨期权的成本则更为合理。相反，当执行价格低于当前价值时，看涨期权的成本可能很高，而看跌期权的成本相对更为合理。因此，此时选择式（2-7）会更合理，因为它可以带来更大的回报。

2.4 看跌-看涨平价关系式

当面对五花八门的乐器时,如果让没有经验的外行来指挥,演奏可能会一团糟,而专业指挥却可以借此奏出美妙的乐章。对于看跌期权和看涨期权这样的金融工具而言亦是如此。本节我们将介绍一个功能强大的"指挥家",它被称为"看跌-看涨平价关系式(Put-Call Parity Equation)",因为其在看跌期权和看涨期权的定价过程中起着核心作用。

前文我们曾用"预期利润"的概念分析过期权定价问题,但是当时我们对定价问题的设置过于简化,而本节介绍的新公式将加入"利率"和"货币的现值(Present Value of Money)"两个概念。因为在实际生活中,看跌期权和看涨期权的定价问题需要涉及复杂的权衡取舍,也就是说,我们得考虑是把钱投资到特定的商品或股票中,还是存入银行来赚取利息。

2.4.1 货币的现值

詹姆斯(James)有一张面值为1000美元,到期日为9月1日的票据。现在由于詹姆斯急需用钱,所以他想把票据卖给黛安(Diane)。当利率为5%且计息方式为连续复利计息时,这张票据在今天值多少钱?⊖

换句话说,黛安可以从詹姆斯那里购买票据,也可以将钱存入银行赚取利息。为了比较不同的选择结果,黛安得搞清楚要是想在到期日时正好获得1000美元,她需要在利率为5%时向银行存入多少钱。

⊖ 虽然大多数读者都熟悉**货币现值**的概念,但是请继续阅读,下面用连续复利推导出的表达式会在许多其他地方用到。

为了解决这个问题，我们令 $M(t)$ 表示在 t 时货币的价值，E 为票据的最终价值（在该问题中，$E = 1000$ 美元），T 是到期日（在该问题中，T 为 9 月 1 日），t 表示今天，r 是利率。在短时间内，货币的价值增加（即利息）可以用"利息 = 利率 × 货币 × 时间"来近似表示，或用以下公式表示：

$$\Delta M(t) = rM(t)\Delta t \tag{2-8}$$

如果用分离变量法来处理该（微分）方程，表达式转化为

$$\frac{\Delta M}{M} = r\Delta t$$

即货币价值的变化率等于利率乘以时间间隔。两边同时对时间间隔求和，我们得到

$$\sum \frac{\Delta M}{M} = r \sum \Delta t$$

其中，对时间间隔 Δt 求和的上下限分别为 T 和 t。

更好的近似方法是使 Δt 无限趋近于 0。利用式（1-12），我们可以得到

$$\int \frac{1}{M} dM = r \int dt$$

极限积分的上下限取决于已知信息。例如，在 t 时刻票据价值（实际上未知）为 $M(t)$，这些值决定了积分的下限。在 T 时刻票据价值 $M(T) = E$。因此，积分变为

$$\int_{M(t)}^{E} \frac{1}{M} dM = r \int_{t}^{T} dt$$

利用初等微积分的知识，我们得到

$$\ln(M) \Big|_{M(t)}^{E} = \ln\left(\frac{E}{M(t)}\right) = r(T-t)$$

对等式两边同时做以 e 为底求幂以消去自然对数，我们可以得到**现值**的表达式：

$$M(t) = Ee^{-r(T-t)} \tag{2-9}$$

现在请大家用金融学直觉思考，假设股票的当前价格高于 E 的现值，也就是说 $S > Ee^{-r(T-t)}$ 时，哪种期权更值钱，$C_E(S,t)$ 还是 $P_E(S,t)$？它们之间有什么关系？

2.4.2 担保

为了便于理解，假设泰勒向海莉借钱。贷款的利率为 r，泰勒承诺在到期日 T 还给海莉 E 美元。根据上面的推导过程，这笔钱的现值见式 (2-9)。

在没有任何担保的情况下，海莉绝不可能将钱借给泰勒。因此，泰勒得把持有的股票 S 抵押给海莉，预计到期时股票将价值 E 美元。现在，海莉持有股票，泰勒有钱，两人都希望能在到期日一手还钱、一手还"票"。也就是说，他们希望在 T 日，泰勒向海莉支付 E 美元，而海莉归还泰勒的股票。但是问题来了，没有任何合法担保可以保证这种交换会如约发生！

海莉作为一个现实主义者，她可不相信君子协定，她希望能有合法保障以确保该交换在到期日如约完成。她担心的是，如果股价下跌，泰勒会为了自己的利益不还钱，连股票也不要了。因此，为了保护自己的利益，海莉坚持签订一份到期日为 T、执行价格为 E 美元的看跌期权。她的想法是，即便股价崩盘，看跌期权也能赋予她以 E 美元的价格将股票卖回给泰勒的合法权利。

那么当前的情况是，海莉拥有股票 S 和看跌期权 $P_E(S,t)$，泰勒手里有价值 $Ee^{-r(T-t)}$ 的钱。但是这样的话，泰勒的处境就不妙了。因为如果股价大幅上涨，甚至在到期日时远远超过 E 美元，这样，海莉可不想把股票还给泰勒，因为她可以直接在市场上卖出股票得到更多的钱。因此，同样出于保护自己的利益，泰勒要求签订一份看涨期权 $C_E(S,t)$，以获得

在 $t=T$ 时以指定价格 E 美元回购股票的合法权利。

目前，所有的问题都被公平地解决了。将这些交易过程结合起来，我们就可以得到著名的"看跌-看涨平价关系式"：

$$S + P_E(S,t) = C_E(S,t) + Ee^{-r(T-t)} \quad (2\text{-}10)$$

公式和上面的叙述一致，标的资产（S）和卖权（看跌期权）在式（2-10）的左侧，而买权（看涨期权）和购买标的资产所需的钱（$Ee^{-r(T-t)}$）在等式的右侧。

之后我们将会证明式（2-10）确实是一个恒等式，但是首先，让我们来好好观察这个表达式，看看其是否能提供一些有用的市场信息。例如，利率 r 的微小波动会影响看涨期权和看跌期权的价格，这是因为它们在资产价格为 S 时的价值差异为

$$C_E(S,t) - P_E(S,t) = S - Ee^{-r(T-t)} \quad (2\text{-}11)$$

我们现在可以明确地给出式（2-9）后所提问题的答案了：如果 S 大于 E 的现值（即 $S > Ee^{-r(T-t)}$），则 $C_E(S,t)$ 比 $P_E(S,t)$ 更值钱，其价差可由式（2-11）得到。

例题：今天 Ecstatic 股票的价格为 100 美元，利率 $r=0.04$。价值为 11 美元的看涨期权在一个季度后到期，执行价格为 110 美元。在到期日和执行价格相同的情况下，看跌期权的价值是多少？

将题目条件代入式（2-10），表达式变为

$$100 + P_{110}(100,t) = 11 + 110\,e^{-0.04(1/4)} = 11 + 110\,e^{-0.01} = 11 + 108.91$$

即

$$P_{110}(100,t) = 19.91$$

请大家用金融学直觉思考，假设今天的股价是 115 美元，看涨期权价格为 2 美元。在其他条件不变的情况下，计算结果是否存在问题呢？请计算这种情况下看涨期权价格的下限是多少？

回到看跌-看涨平价关系式。为了证明式（2-10）恒成立，我们首先

考虑 $t = T$ 时可能出现的情形。最简单的情况是 $S = E$，因为此时看涨期权和看跌期权都不会被使用，即 $P_E(E,t) = C_E(E,t) = 0$（见图 2-1、图 2-3）。式（2-10）两边显然相等：

$$E + 0 = 0 + Ee^{-r(T-T)} = E$$

当 $S < E$ 时，式（2-10）右边等于

$$C_E(S,t) + Ee^{-r(T-T)} = 0 + E$$

毕竟，当 $S < E$ 时，看涨期权价值为 0（见图 2-1）。

对于左边而言，因为 $S < E$，所以看跌期权会被执行（见图 2-3），资产 S 将以 E 美元的价格被出售。式子左边等于

$$S + P_E(S,T) = S + (E - S) = E$$

式（2-10）两边相等。

对于 $S > E$ 的情况，看跌期权没有任何作用（见图 2-3），所以式（2-10）左边等于

$$S + P_E(S,T) = S$$

在等式的右边，花费 E 美元执行看涨期权，获利 $S - E$ 美元。这样，式子右边也等于 $C_E(S,t) + E = (S - E) + E = S$，式（2-10）成立。

$t - T$ 时会发生什么呢？ 式（2-10）之所以成立（不考虑交易成本等要素），是因为我们的"老朋友"套利机会的存在。原因如下：如果双方未能达成协议，则会导致无风险套利机会的出现。为什么会出现这样的情况呢？假设 $t < T$ 时，上述等式变为不等式

$$S + P_E(S,t) > C_E(S,t) + Ee^{-r(T-t)} \qquad (2\text{-}12)$$

记住一句老话，"低买高卖"。因为 $S + P_E(S,t)$ 的组合价格较高，所以米可做空了这边的投资组合。也许他会把看跌期权卖给托利科（所以托利科付钱给米可以买入看跌期权），并从塔蒂亚娜处借入股票并以价格 S 卖出。这样，米可就有足够的现金来购买 $C_E(S,t) + Ee^{-r(T-t)}$，**并且**还能剩下钱！[式（2-12）左右两边的差就是他的获利。]"购买" $Ee^{-r(T-t)}$ 表示

将这笔钱存在银行中。

我们已经证明,在到期日 $t = T$ 时看跌-看涨平价关系式成立。此时,就所持资产而言,米可拥有已存入银行的 E 美元和一份看涨期权。与此同时,他卖出一份金融远期(FF),并且还需要购买股票来还给塔蒂亚娜(因为做空)。如果这个时候 $S = E$,那没问题,看涨期权和看跌期权都不会被执行,因此米可可以使用银行的 E 美元购买股票还给塔蒂亚娜。

假设 $S > E$。请记住,因为米可卖出了看跌期权,所以托利科有权执行它。不过不用担心,托利科不会这样做。如果他这样做了,他将"要求"米可以低于市场价 S 的执行价格 E 购买股票。米可倒是乐得开心,因为他可以立即以 S 美元的价格再次出售股票,并获得 $S - E$ 的利润,而托利科则蒙受了损失。因此,米可现在只需要购买从塔蒂亚娜处借入的股票。因为米可拥有看涨期权 $C_E(S,t)$,所以他可以用存入银行的 E 美元来执行看涨期权买入股票,并将其还给塔蒂亚娜。一切尘埃落定后,米可不仅在 $t = T$ 时还清了债务,还获得了套利利润!

类似地,如果 $S < E$,米可购买的看涨期权就没用了,所以米可只剩下存入银行的 E 美元。但是,米可还卖出了看跌期权。因为 $S < E$,所以托利科会执行期权并要求米可以较高的价格 E 回购股票!米可只能接受这个结果,因为无论如何他都得把股票买回来还给塔蒂亚娜。在清偿所有债务后,米可仍然能获得套利利润。

一旦存在套利机会,精明的投资者就会参与其中。随着不断有人卖出看跌期权、买入看涨期权,看跌期权的需求会随之减少,价格下降。同样地,随着看涨期权的需求增加,价格上升。两者的价格将持续变动,直至套利机会消失,看跌-看涨平价关系式成立。

同理可得,当 $t < T$ 时,有

$$S + P_E(S,t) < C_E(S,t) + Ee^{-r(T-t)} \tag{2-13}$$

那么"高卖"的对象应当是 $C_E(S,t) + Ee^{-r(T-t)}$,即米可卖出看涨期权，并从银行借入 $Ee^{-r(T-t)}$ 美元。有了"高卖"的收入作资本，米可可以买入 $S+P_E(S,t)$，剩下的钱就是他的套利利润。

当 $t=T$ 时，所有交易必须结算。记住，米可购买 $S+P_E(S,t)$ 的钱来自出售 $C_E(S,t)+Ee^{-r(T-t)}$ 所获得的收入，更确切地说，他需要偿还银行 E 美元。采用相似的逻辑，如果 $S>E$，那么拥有看涨期权的托利科将以较低的价格 E 美元买入米可持有的股票。那么，米可就有钱还银行了。类似地，如果 $S<E$，那么米可将执行手中的看跌期权，把股票以 E 美元的价格卖出，然后还钱给银行。

2.5 相关启示

看跌-看涨平价关系式深刻地揭示了看涨期权和看跌期权间的价值关系。以 $C_E(S,t)$ 为例，如上所述，当 $t=T$ 时，其价值为

$$C(S,T)=\max(S-E,0) \tag{2-14}$$

当 $t<T$ 时会发生什么呢？

看跌-看涨平价关系式告诉我们，当 $t<T$ 时，E 的值等于其现值 [式 (2-15) 的中括号项] 和看跌期权的价格之和。换句话说，式 (2-14) 可以转化为更一般的形式：

$$C_E(S,t)=[S-Ee^{-r(T-t)}]+P_E(S,t) \tag{2-15}$$

当 $t=T$ 时，式 (2-15) 又回到式 (2-14)（读者感兴趣的话可以证明一下）。

同样地，当 $t\leqslant T$ 时，可以把 $P_E(S,t)=\max(0,E-S)$ 转化为更一般的形式：

$$P_E(S,t)=[Ee^{-r(T-t)}-S]+C_E(S,t) \tag{2-16}$$

式 (2-16) 也会在 $t=T$ 时回到标准形式。我们在本章的开头探讨了看涨

期权价格与预期利润之间的关系,但是期权的实际价格取决于人们愿意支付的价格,换言之,它取决于市场压力(Market Pressure)。我们从看跌-看涨平价关系式中学到的是,**套利**在价格形成过程中起着重要作用,也就是说,看涨或看跌期权的价格是一种套利价值。接下来我们将进一步探讨这个话题。

2.5.1 我们的"朋友":套利

为了探究看跌-看涨平价关系式所反映的规律,假设 $T-t$ 等于 1 年,$r=0.02$,期权的价格满足

$$C_{50}(51,t) - P_{50}(51,t) = 7$$

我们该如何利用这些信息实现获利?

首先,我们写下看涨 – 看跌期权平价公式,即

$$C_E(S,t) - P_E(S,t) = S - Ee^{-r(T-t)} \tag{2-17}$$

公式表明看涨期权和看跌期权的价差应当为股票当前价格 S 和 E 的现值之差。但是在这个特殊的例子中,

$$S - Ee^{-r(T-t)} = 51 - 50\,e^{-0.02 \times 1} \approx 2 \tag{2-18}$$

这与期权的实际价差相去甚远!所以,根据"低买高卖"的原则,托利科应当先做空 $C_{50}(51,t) - P_{50}(51,t)$,即卖出看涨期权,买入看跌期权,从而获得 $C_{50}(S,t) - P_{50}(S,t)$ **外加** 7 美元。下一步,托利科再"低买",即买入 $[S - Ee^{-r(T-t)}]$。

问题是,托利科的钱从何而来呢?部分可以来自银行,因为 $-50\,e^{-r(T-t)}$ 表示的是托利科借了 $50\,e^{-0.02}$ 美元。剩下的钱来自做空 $C_{50}(51,t) - P_{50}(51,t)$ 所得到的 7 美元。由式 (2-18) 可得,所有交易结束后,多余的钱

$$7 + 50\,e^{-0.02} - 51 \approx 7 + 49 - 51 = 5$$

则作为套利收入落入了托利科的腰包。另外,托利科拥有看跌期权,并

做空了看涨期权，此外他还拥有股票，但必须背负 50 美元的债务。

在到期日，托利科必须偿还 50 美元的贷款，这笔钱一定来自其持有的资产 $P_{50}(S,t) - C_{50}(S,t) + S$。我们来看看如何做到这一点。如果 $S > 50$，则看跌期权一文不值。因为托利科做空了看涨期权，所以拥有看涨期权的人可以从托利科那里以 50 美元的价格购买资产 S 获利。很好，托利科现在有 50 美元来偿还贷款了。

如果 $S < 50$，那么看涨期权将一文不值（见图 2-1），托利科可以行使看跌期权，以 50 美元的价格卖出股票，并偿还贷款。当然，如果 $S = 50$，直接把股票卖了就能还贷。重点是，上面讨论的所有交易过程没有涉及托利科低买高卖获得的套利利润 5 美元。

于是，我们的"朋友"套利开始大展身手了。精明的投资者根据看跌-看涨平价关系式，通过适当操作即可赚钱。由于许多人希望做空 $C_{50}(51,t) - P_{50}(51,t)$，因此这一期权组合的价格会降低，从而导致套利机会逐渐消失。上述分析论证了之前的观点：在金融领域，套利的存在使得我们可以在金融世界的数理推导中假设连续性的存在。只要式（2-10）不成立，就存在套利机会！

2.5.2 看涨期权和看跌期权的性质

看跌-看涨平价关系式加深了对我们对期权成本的认识。如前所述，如果 $E_1 < E_2$，则预计 $C_{E_1}(S,t)$ 的成本将大于 $C_{E_2}(S,t)$。也就是说，执行价格越高，看涨期权的价值越低。原因很简单，在到期日如果 S 足够大，则执行看涨期权的获利为 $C_{E_j} = S - E_j$，E_j 越小，利润就越大。C_{E_1} 的价值很可能比 C_{E_2} 高，所以前者的成本应该更高。

同样，如果 $S > E_1$、E_2，则由看跌-看涨平价关系式可以得出，$C_{E_j}(S,t)$ 的下限即为即 S 与 E_j 的现值之差：

$$C_{E_1}(S,t) > S - E_1 e^{-r(T-t)} \quad \text{和} \quad C_{E_2}(S,t) > S - E_2 e^{-r(T-t)} \quad (2\text{-}19)$$

因此，较小的E_j值会产生较高的下限，印证了前面的分析。类似的分析也适用于看跌期权，将成本关系反过来而已，即$P_{E_2}(S,t) \geq P_{E_1}(S,t)$。这告诉我们，在$E_2$较大时，较大的$S$就开始实现盈利了。

利率和其他变量

在本章的讨论中，我们都假定利率r不变，并且对于存贷款而言都是相同的。这虽然不符合事实，但却是一种标准的简化方法。

如果r提高，对看跌期权和看涨期权的成本有什么影响呢？我们的"新朋友"看跌-看涨平价关系式可以给出答案。由式（2-11）可知

$$C_E(S,t) - P_E(S,t) = S - E\,\mathrm{e}^{-r(T-t)}$$

即两种期权的成本之差由S的当前价格与E的现值之差决定。

r的提高意味着在银行存放更少的钱就能在到期日得到E美元。也就是说，E的现值变小了。因此，如果$S > E$，可得到：

- 随着r的提高，$C_E(S,t) - P_E(S,t)$的值变大。
- 随着E的提高，$C_E(S,t) - P_E(S,t)$的值减小。
- 随着S的提高，$C_E(S,t) - P_E(S,t)$的值变大。
- 随着$T-t$变大（即延长到期时间），$C_E(S,t) - P_E(S,t)$的值变大。

当然，如果S小于E的现值，那么将表达式重写为

$$P_E(S,t) - C_E(S,t) = E\,\mathrm{e}^{r(T-t)} - S$$

分析步骤类似。

2.6 习题

1. 假设在到期日，证券价格为120美元的概率为1/4，110美元的概率为1/2，80美元的概率为1/4。

（a）使用简单的预期利润方法来计算看涨期权的价值，执行价格为100 美元。

（b）当执行价格为 110 美元时，做同样的计算。

（c）对具有上述两个执行价格的看跌期权做同样的计算。

（d）这个练习帮你理清了哪些基本概念呢？

2. 不使用预期利润，试试"公平打赌游戏"的方法。其基本思想为，如果卖方对看涨期权收费过高，人们就不会购买。但是如果卖方收取的费用太少，他就需要自己承担风险。要消除这种风险，可以把它当作一个"公平下注游戏"。换言之，对一份看涨期权收取 x 美元，x 是使我的预期获利等于 0 的值。用上一题的数据计算执行价格为 100 美元的看涨期权的成本。解释与上一题（a）的相同或不同之处。

3. 桑德拉（Sandra）花了 65 美元买了一件商品 S，打算在 3 月 1 日把它卖给山姆（Sam）。如果商品价格升到 100 美元，她估计她能获利 100 美元 − 65 美元 = 35 美元。

（a）画出利润曲线。

（b）如果价格跌到 20 美元，她的损失为 20 美元 − 65 美元 = − 45 美元。她能做些什么来保护自己？她的投资组合应该是什么？

4. 下面是几个投资组合；每一个都用术语 **Port** 来表示。画出每个人在 $t = T$ 时的利润曲线。确定每个投资组合的优势和劣势，即解释一个理智的投资者对每种投资组合的期望是什么。

在这里，C_E 表示行权价 E 的看涨期权，$-C_E$ 表示卖出看涨期权，P_E 表示看跌期权，$-P_E$ 表示卖出看跌期权。

（a）"买入看涨期权"是 $Port = C_E$。

（b）"卖出看涨期权"是 $Port = -C_E$。

（c）"买入看跌期权"是 $Port = P_E$。

（d）"卖出看跌期权"是 $Port = -P_E$。

(e)"买入跨式"是 Port $= P_E + C_E$,即以相同的执行价格同时买入看涨期权和看跌期权。

(f)"卖出跨式"是 Port $= -P_E - C_E$。

(g)"买入异价跨式"是 Port $= P_{E_1} + C_{E_2}$,即以执行价格E_1买入看跌期权,以执行价格E_2买入看涨期权。

(h)"卖出蝶式"是 Port $= -C_{E_1} + 2C_{E_2} - C_{E_3}$,其中$E_1 < E_2 < E_3$。

(i)"买入蝶式"是 Port $= C_{E_1} - 2C_{E_2} + C_{E_3}$,其中$E_1 < E_2 < E_3$。

(j)"卖出鹰式"是 Port $= -C_{E_1} + C_{E_2} + C_{E_3} - C_{E_4}$,其中$E_1 < E_2 < E_3 < E_4$。

(k)"买入鹰式"是 Port $= C_{E_1} - C_{E_2} - C_{E_3} + C_{E_4}$。

5. 比较买入跨式组合和买入异价跨式组合的收益情况,并解释各自的优势。

6. 这是关于投资组合的另一个问题。根据给定的利润曲线形状,设计投资组合。

(a)构造一个投资组合,在$t = T$时刻,利润线是水平的,直到价格为60美元。在60美元这一点,利润曲线的斜率是3,直到70美元。在70美元这一点,利润曲线的斜率为2,直到价格为100美元。接下来,利润曲线的斜率为0,直到价格为110美元。然后利润曲线的斜率为-1,直到120美元。在那之后,利润曲线变得水平。

(b)只使用看跌期权构造一个具有上述特征的投资组合。

(c)同时使用看涨期权和看跌期权构造一个具有上述特征的投资组合。

7. 如果按连续复利计息。

(a)计算每七年将初始投资翻一番所需的利率。

(b)利率10%,初始投资增加到原来的三倍需要多长时间?

(c)欧文(Irvin)忘了他的银行利率是多少,他只知道五年后,他的初始投资翻了一番。请问什么时候会增加到原来的三倍？（提示：有两个未知数，一个是利率。两个未知数需要两个方程求解。所以，读者可以利用不同时间点的信息列出方程。）

（d）一个人从其储蓄账户（Savings Account）中，以固定的连续复利方式每年取出1000美元存入其借记账户（Checking Account）。这个人的初始存款为20 000美元，利率为5%。一年后，储蓄账户中会有多少钱？[提示：需要推导资金增长表达式。从 ΔM 开始，而不是式（2-8），看看在这种设置下 ΔM 等于什么。然后，求解方程式。]

8. 在到期日前两天，Patty（帕蒂）想卖出执行价格为100美元的看涨期权，即她想做空 $C_{100,t}$。利率 $r = 10\%$，股票的当前价格为120美元。请使用看跌-看涨平价关系式计算 $C_{100,t}$ 的价值下限。

9. Igor（依果尔）今天早上从报纸上看到，一年后到期（利率为5%）的 $C_{60}(70,t) = 9$，$P_{60}(70,t) = 4$。他应该如何利用此信息赚钱？

10. 假设目前，$S = 99$ 美元，$r = 0.02$，$C_{100}\left(99, T - \dfrac{1}{2}\right) - P_{100}\left(99, T - \dfrac{1}{2}\right) = 8$ 美元且 $T = t + \dfrac{1}{2}$ 年。

（a）判断目前有没有套利机会？如果有，应该如何操作？能获利多少？

（b）虽然在未来的6个月中，任何情况都有可能会发生，不过我们至少可以保证在到期日时你的资金安全。请列出所有可能的情况，说说你是如何保证清偿债务并实现获利的。

11. 对于 $S = 105$，$r = 0.05$，计算以下各式：

（a）若 $T - t = 1$ 年，$P_{100}(105, T-1) - C_{100}(105, T-1)$ 的值。

（b）若 $T - t = 1$ 年，$P_{105}(105, T-1) - C_{105}(105, T-1)$ 的值。

（c）若 $T - t = 1$ 年，$P_{115}(105, T-1) - C_{115}(105, T-1)$ 的值。

（d）若 $T - t = 2$ 年，$P_{100}(105, T-2) - C_{100}(105, T-2)$ 的值。

（e）若 $T-t=1$ 年，$r=0.10$，$P_{100}(105,T-1)-C_{100}(105,T-1)$ 的值。

12. 式（2-11）计算了 $C_E(S,t)-P_E(S,t)$ 的值。

（a）如果 $S>E$，则 $C_E(S,t)-P_E(S,t)$ 随 E 的增加而减小，为什么？是因为 $C_E(S,t)$ 下降了？$P_E(S,t)$ 上涨了？还是两者都有？请加以分析。

（b）上述分析都建立在 S 大于 E 的现值的基础上。试分析当 S 小于 E 的现值时，以下情况分别会如何影响分析结果？

1）E 上升（即看涨期权的执行价格上升）。

2）E 下降。

3）r 上升。

4）$T-t$ 变大。

5）S 下降。

第3章 建 模

▶3.1 假设与建模

橄榄球比赛的例子告诉我们,即使那些假设看似顺理成章,我们仍然必须谨慎地思考其合理性;因为它们可能是错误的。虽然所有事件的概率之和等于1,但是当涉及不同的个体时,它们的"隐含概率"之和可能不等于1——这种情况对你而言是把双刃剑。

当我们需要建模以分析资产价格的变化时,同样也会出现类似的问题。难点在于,想要完全搞清楚导致价格变化的因素不太现实,因为它们可能过于复杂。因此,我们能做的就是找出那些可以理解的部分,进而设定相关假设条件对其进行建模分析。如果假设条件与现实相差不大,结论可能是可靠的;不过,如果假设与现实相差较大,那模型的可信度就值得三思了。

另一个操作上的问题是:如果一个数学模型能够涵盖与期权定价有关的所有因素,那么它肯定会因为过于复杂而难以分析。因此,就像对"现实世界"中的事件建模一样,我们需要在**贴近现实**和**简化假设**之间进行取舍。为什么要取舍呢?因为,如果设定的假设条件将模型过度简化,那么得到的模型可能的确便于使用和分析,但不能很好地描述现实。另外,贴近现实的模型可能无法实现求解与预测的目的。因此,我们对假设条件的设定会对模型的预测能力产生影响。

总而言之，我们必须认真对待假设条件，必须搞清楚它们到底意味着什么，在什么情况下能讲得通。通过仔细确认和理解这些假设，我们就有可能成功判断出哪些预测是可信的。

3.1.1 泰勒级数

举例来说，假设你正在从事一项工作，这项工作要求你搞清楚一个复杂函数 $f(x)$ 在 $x=a$ 附近的情况。举个复杂的例子，假设目标是理解 $y = \text{Arctan}[\ln(e^{\cos(x)} + \cot^2(x))]$ 在 $x = \dfrac{\pi}{2}$ 附近的情况。这根本不可能吧！

如果在实际应用过程中，我们可以将这个复杂的函数用一个简单的多项式近似代替，这岂不是更好吗？这就得引出泰勒级数这个强大的工具了，它用一个更简单、易于分析的多项式通过逐步逼近来代替那些复杂的函数。

让我们先来回顾一下一元函数的情形[⊖]。我们的目标是找到一个以 $x=a$ 为中心，可以代替实际的函数 $f(x)$ 的近似多项式。这需要找到系数 b_0，b_1，b_2，…的值，这样估计

$$f(x) \approx b_0 + b_1(x-a) + b_2(x-a)^2 + b_3(x-a)^3 + \cdots \quad (3\text{-}1)$$

在 $x=a$ 附近是比较准确的。在实际应用中，比起使用完整的无穷级数，我们只需要用到少数项来构造一个多项式，来实现我们心目中对 $f(x)$ 的逼近程度。

为了确定系数，注意当 x 在 a 处时，方程（3-1）的左边是 $f(a)$，右边是 b_0。因此，消除所有这些多项式的一个简便方法是让 $x=a$。这样，方程（3-1）可以简化为 $f(a) = b_0$，这表明正确的系数是

$$b_0 = f(a)$$

⊖ 读者可能知道如何计算 $y=f(x)$ 的泰勒级数，那么两个变量如 $z=f(x,y)$ 或三个变量如 $u=f(x,y,z)$ 的泰勒级数呢？多变量设置的答案可以通过下面介绍的方式获得。

同样地，确定系数 b_1 取值的方法是消去方程（3-1）中的 $(x-a)$ 项。很容易想到对方程（3-1）两边求导得到

$$f'(x) \approx b_1 + 2b_2(x-a) + 3b_3(x-a)^3 + \cdots \tag{3-2}$$

用同样的方法消去多项式项，让 $x = a$ 得到

$$b_1 = f'(a)$$

所有其他的系数都可以用同样的方式求解。特别地，为了求解 b_j，对方程（3-1）求 j 次导 [其中 $f^{(j)}(x)$ 表示 j 阶导数] 得到

$$f^{(j)}(x) \approx (j!)b_j + (j+1)\cdots(2)b_{j+1}(x-a) + \cdots$$

为了去除右边除 b_j 之外的所有项，选择 $x = a$ 来消除所有 $(x-a)^k$ 的项。对剩下的项进行求解，

$$b_j = \frac{f^{(j)}(a)}{j!}$$

特别地，泰勒级数允许平滑的函数 $f(x)$ 被 n 次多项式近似

$$f(x) \approx f(a) + \sum_{j=1}^{n} \frac{f^{(j)}(a)}{j!}(x-a)^j \tag{3-3}$$

式中，$f^{(j)}(a)$ 为 $x = a$ 处的第 j 阶导数。

关键在于，对于基本假设式（3-3）的近似值才是有效的：它仅对使 $|x-a|$ 的值足够小的 x 值有用，而这是由误差估计（参见任何微积分教材）和期望的精度所决定的。为了强调这一点，我们可以考虑一个有界函数 $f(x) = \cos(x)$，其中 $a = \pi$ 且 $n = 2$。而右边的二次方程

$$\cos(x) \approx -1 + \frac{1}{2}(x-\pi)^2 \tag{3-4}$$

当 x 值接近于 π 时，很好地近似 $f(x) = \cos(x)$。但对于较大的 x 值，这个近似完全失效！毕竟，当 $x \to \infty$ 时，二次项的值会趋近于无穷，而 $\cos(x)$ 的值是有界的。

一个具体例子

我们设 $f(x) = \ln(x)$ 且 $a = 1$ 来求解具体的泰勒展开。泰勒级数的展

开需要计算 $f(x)$ 的导数，即

$$f(x) = \ln(x), f'(x) = \frac{1}{x}, f''(x) = -\frac{1}{x^2}, \cdots, f^{(n)}(x) = (-1)^{n+1}\frac{(n-1)!}{x^n}$$

求解这些导函数在指定的 $x=1$ 处的导数值毫无难度，因为分母中的 x^n 项将等于 1。因此，

$$f(1) = \ln(1) = 0, f'(1) = 1, f''(1) = -1, \cdots, f^{(n)}(1) = (-1)^{n+1}(n-1)!$$

$(-1)^{n+1}$ 项表示 f 导数符号的交替变化，即 $f'(x)$ 是正的，$f''(x)$ 是负的，依此类推。（因此，如果 n 为奇数，由于 $(-1)^{n+1}$ 乘数的存在，则 $f^n(x)$ 是正的。）

因为

$$b_j = \frac{f^{(n)}(1)}{n!} = (-1)^{n+1}\frac{(n-1)!}{n!} = (-1)^{n+1}\frac{1}{n}$$

泰勒级数表达式是

$$\ln(x) \approx \sum_{n=1}^{\infty} \frac{(-1)^{n+1}}{n}(x-1)^n \qquad (3-5)$$

以计算 $\ln(1.1)$ 为例，令式（3-5）中的 $x=1.1$，可以得到

$$\ln(1.1) \approx \sum_{n=1}^{\infty} \frac{(-1)^{n+1}}{n}(1.1-1)^n$$

因为 $(1.1-1)^j = \frac{1}{10^j}$，当要求结果精确到小数点后 5 位时，答案应该算到 $n=5$，即

$$\ln(1.1) \approx 0.1 - \frac{0.01}{2} + \frac{0.001}{3} - \frac{0.0001}{4} + \frac{0.00001}{5} - \frac{0.000001}{6}$$

另一个例子

如果想要不使用计算器计算 $e^{-0.02}$ 的值，我们得先观察到幂 $x = -0.02$ 与 0 相近。这就暗示我们需要求解 $f(x) = e^x$ 在 $a = 0$ 处的泰勒级数的近似值。

计算过程比较简单。e^x 的任一阶导数都是 e^x，如 $f^n(x) = e^x$。此外，因为 $e^a = e^0 = 1$，所以对任意 n，$f^n(0)$ 都是 1。因此，泰勒级数为

$$f(x) = e^x \approx 1 + 1(x-0) + \frac{1}{2!}(x-0)^2 + \frac{1}{3!}(x-0)^3 + \frac{1}{4!}(x-0)^4 + \cdots$$

$$= \sum_{j=0}^{\infty} \frac{x^j}{j!}$$

(3-6)

为了求解 $e^{-0.02}$ 的近似值,令方程 (3-6) 中 $x = -0.02$,得到

$$e^{-0.02} \approx 1 - 0.02 + \frac{1}{2!}(-0.02)^2 + \frac{1}{3!}(-0.02)^3 + \cdots$$

$$= 1 - 0.02 + 0.0002 - 0.0000013 + \cdots$$

结果和 0.98 很接近(但是略大一点)。

这些为什么重要呢?(WGAD)

读者应该考虑"**这些为什么重要呢?**(Who gives adarn)"的问题。想象一下,假设海伦娜(Helena)现在需要快速回答一个客户的问题,但她必须要算出以2%的连续复利计息的一年期100美元的现值。如果海伦娜还记得式 (3-6),即对于很小的 x 值 $e^x \approx 1 + x$,那么她可以用合理的近似值回答客户的问题:

$$100\,e^{-0.02} \approx 100 \times (1 - 0.02) = 100 \times 0.98 = 98$$

同样地,按照半年复利6%计息的50美元的现值是 $50e^{-0.06(0.5)} = 50e^{-0.03} \approx 50 \times (1 - 0.03) = 48.50$ 美元。然而,当 x 值比较大时,如 $x = 1$ 时,$e^x \approx 1 + x$ 的近似就失去了有效性。毕竟 $e^1 \approx 2.71828$,大于 $1 + 1 = 2$。这仅仅意味着求解更加精确的近似值需要保留式 (3-6) 中更多的项。

3.1.2 多元函数

为了分析 $f(x,y) = e^{\cos(x)}/y$ 在 $x = \pi/2$ 和 $y = 2$ 附近时的值,尝试使用一个更简单的多项式近似。即

$$f(x,y) \approx b_{0,0} + b_{1,0}(x - a_1) + b_{0,1}(y - a_2) +$$
$$b_{2,0}(x - a_1)^2 + b_{1,1}(x - a_1)(y - a_2) +$$
$$b_{0,2}(y - a_2)^2 + \cdots + b_{j,k}(x - a_1)^j (y - a_2)^k + \cdots$$

式中，$a_1 = \pi/2$，$a_2 = 2$。

如上所示，想要求解系数 $b_{j,k}$，即对 $f(x,y)$ 和泰勒级数求导适当的次数以去除 $b_{j,k}(x-a_1)^j(y-a_2)^k$ 中的变量。这样，原式会留下 $\dfrac{\partial^{j+k} f(x,y)}{\partial x^j \partial y^k} \approx j!\, k!\, b_{j,k}$ 加上带有 $(x-a_1)^r(y-a_2)^s$ 的多项式。令 $x=a_1$，$y=a_2$ 可以消去这些多余的项，得到

$$b_{j,k} = \frac{1}{j!\, k!} \frac{\partial^{j+k} f(a_1, a_2)}{\partial x^j \partial y^k} \tag{3-7}$$

比如，用 $f(x,y) = e^{\cos(x)}/y$ 加以说明。因为其泰勒级数的二阶近似是

$$f(x,y) \approx f(a_1,a_2) + \frac{\partial f(a_1,a_2)}{\partial x}(x-a_1) + \frac{\partial f(a_1,a_2)}{\partial y}(y-a_2) + \frac{1}{2}\frac{\partial^2 f(a_1,a_2)}{\partial x^2}(x-a_1)^2 +$$

$$\frac{\partial^2 f(a_1,a_2)}{\partial x \partial y}(x-a_1)(y-a_2) + \frac{1}{2}\frac{\partial^2 f(a_1,a_2)}{\partial y^2}(y-a_2)^2$$

$$\tag{3-8}$$

所以，$f(x,y)$ 的二阶近似为

$$\frac{e^{\cos(x)}}{y} \approx 1 - \frac{1}{2}\sin\left(\frac{\pi}{2}\right)e^{\cos\left(\frac{\pi}{2}\right)}\left(x-\frac{\pi}{2}\right) - \frac{1}{2^2}e^{\cos\left(\frac{\pi}{2}\right)}(y-2) +$$

$$\frac{1}{2}\left[-\cos\left(\frac{\pi}{2}\right) + \sin^2\left(\frac{\pi}{2}\right)\right]\frac{1}{2}e^{\cos\left(\frac{\pi}{2}\right)}\left(x-\frac{\pi}{2}\right)^2 -$$

$$\frac{1}{2^2}\sin\left(\frac{\pi}{2}\right)e^{\cos\left(\frac{\pi}{2}\right)}\left(x-\frac{\pi}{2}\right)(y-2) + \frac{1}{2}\left[\frac{2}{2^3}e^{\cos\left(\frac{\pi}{2}\right)}\right](y-2)^2$$

可以简化为

$$\frac{e^{\cos(x)}}{y} \approx 1 - \frac{1}{2}\left(x-\frac{\pi}{2}\right) - \frac{1}{4}(y-2) + \frac{1}{4}\left(x-\frac{\pi}{2}\right)^2 - \frac{1}{4}\left(x-\frac{\pi}{2}\right)(y-2) + \frac{1}{8}(y-2)^2$$

记住，这个近似只在 $x = \pi/2$，$y = 2$ 附近有效。

3.1.3 回到建模逼近

对泰勒级数的逼近是否能够较为精确地描述函数变动的理解，可以

延伸到对简化的假设是否能够表示资产价格变化的理解。更确切地说，一个模型的预测价值取决于模型的基本假设是否合理地反映了市场行为。当假设不成立时，往往预示着新的研究课题，或套利机会的存在。

一言以蔽之：将模型及其约束视为

可能出错的简化假设和近似。

就像泰勒级数一样，我们需要了解模型在哪里失效了，在哪里又是相当准确的。

3.2 有效市场假说

哪些因素会影响市场价格？这个问题值得我们思考。来自管理层的詹妮弗（Jennifer）可能会说，公司高管的决策、公司治理结构、选举结果、竞争对手的策略对当前的定价非常重要。具有农业背景的萨缪尔（Samuel）可能会强调天气条件的相关性，例如干旱、飓风和暴风雪，以及关税和可能爆发的贸易战。但是谁又知道最正确而完整的答案呢？甚至当前流行的歌曲都可能对价格产生影响。

那么问题来了：如何建立一个包罗万象的模型？即便可以创造出这样的模型，我们也难以对它进行分析。

因此，我们必须对假设条件进行简化。其中一种简化的方法称为**有效市场假说（Efficient Market Hypothesis，EMH）**。一种简单版本 EMH 的基本前提是，由于市场上有足够多的投资者，他们既头脑聪明又反应迅速，某些类型的市场信息已经被市场完全吸收并体现在当前价格中。换言之，

（1）过去有关价格的所有信息已经反映在资产的当前价格中。

（2）市场上的所有新信息都将立刻反映在价格中。

EMH 的真正目的是允许我们创建模型时忽略所需考虑的各种复杂因

素。例如，公司高管的决策需要考虑吗？不用担心，它已经被包含在了价格中。气候变化呢？不用担心，因为价格已经反映了该要素。剩下需要关心的只有资产的价格。

从建模的角度来看，假设 1 让人身心轻松，因为它让我们可以直接忽略复杂的历史信息。然而，在简化分析的同时，该假设是否始终成立呢？比如，假设有新闻报道苹果公司的股价下跌了很多。如果 EMH 成立，那么我们会把苹果公司的股票和今天早上下跌的另一只股票一样对待。但是，众所周知，苹果是一家影响力非常大的企业，因此我们不能轻易地接受假设 1。这则新闻要么暗示了买入苹果公司股票的机会，要么就在告诉我们整个市场都不容乐观。同样地，苹果公司此前表现出的克服各种逆境的能力推动我们相信其股价未来会回升。但是 EMH 认为，当前股票的价格已经反映了所有的这些信息。

与之相类似，假设 2 允许我们忽略市场上的**信息类型**。这个假设合理吗？举个例子，假设伯尼（Bernie）去年夏天在芬兰旅游时，发现芬兰人需要便宜、轻便且**保暖**的衣服。假设他还在今天的《纺织杂志》(Textile Magazine) 中发现，X 教授发明了以金融数学考试所用的蓝色课本为原料生产保暖衣物的方法。这两个发现之间有着千丝万缕的联系，但这种公共信息不太可能影响今天的资产价格。为什么？可能是对考试和书本的强烈厌恶，导致大多数人没有想到这个新发现可能创造的潜在市场，他们没把这两件事联系起来。

举例的目的在于鼓励读者认真思考 EMH 在何时何地是贴近现实且有用的。像泰勒级数这样的逼近方法是否仅适用于相对风平浪静的"短期"场景呢？

EMH 是否有用取决于一个潜在前提——**你**是否是"市场上足够多的聪明且反应迅速的人"之一。不同之处在于你是领导者（那些聪明、反应迅速的人之一）还是追随者。前者可能会忽略 EMH，而后者则应该接受它。[①] 除了期望 EMH 的某些方面在短期（风平浪静的时候）成立外，我们鼓励读者探索是否还有其他 EMH 成立的场景。这么做是大有裨益的（无论你是使用 EMH 还是其他什么假设，都要多思考假设是否成立以及成立的条件是什么）。

综上，我们应该把 EMH 视为一个实用的假设——这也是构建易于处理的数学模型所必需的。它在通常情况下合理吗？当然不是！正如 $\cos(x)$ 的逼近式（3-4）在某些场景中很有用，在更一般的情况下它可能会使你误入歧途。同样，我们期望 EMH 在某些环境中是合理的，但在其他环境可能并非如此。

基于"公开披露"的重要性，在接下来的讨论中，EMH 都是一项基本假设。假设的意义在于其能帮助我们对具体的模型设定提出一些见解与说明。读者要多思考，假说是否适用、在何时适用，把这个问题想清楚了，才能更好地理解下面的内容。

3.2.1 建模

如果资产 S 的价格是 S（是的，两者的表示符号一致），我们的目标是预测价格变化 ΔS。因为相对价格变化很重要，所以第一步我们需要确定是什么原因会导致 $\Delta S/S$ 发生变化。EMH 让我们能够只关注当前的价格因素，从而简化分析。

为了便于理解，请回忆一下银行里的钱是如何根据利率发生变化的。如果 M 表示银行中资金的数额，r 是利率，而 Δt 是时间的微小增量，则

[①] 在西北大学，我邀请了一位非常成功的投资者 Arthur Pancoe（亚瑟·潘柯）来到我的课堂。（为什么说他成功，可以参考 1988 年《金融》杂志的标题，"只要买了 Arthur Pancoe 持有的两支药企股票，你就能一夜暴富"。）他要求学生们猜猜他每天的读物是什么。令学生惊讶的是，他的读物包括《科学》和《自然》等非金融类杂志，这些杂志使他紧跟科技发展的前沿。**他还宣称他不接受 EMH。**当然不该接受，Pancoe 是领导者，而不是追随者，因此 EMH 背后的基本假设不适用于他。他是使 EMH 的前提假设成立的先行者的代表。

相应的数额变化为

$$\Delta M = rM\Delta t \tag{3-9}$$

式（3-9）之所以作为一种常见的表达式，是因为右边通常表示泰勒级数的第一项，泰勒级数是对一种复杂且未知函数的逼近。例如，在一个温度为 T^* 的房间内，物体的温度变化为 $\Delta T = F(T)\Delta t$。很好，但是如果函数 F 未知呢？一种方法是用其泰勒级数的第一项或 $F(T) \approx \mu(T - T^*)$ 逼近，从而推导出牛顿冷却定律（Newton's Law of Cooling）

$$\Delta T = \mu(T - T^*)\Delta t \tag{3-10}$$

式中，未知常数 μ 不是模型内生的，而是由实验数据确定的。

该线性模型告诉我们，变化率与当前存量成正比。比如，人口学提出的**第一个近似**（First Approximation）就是人口变化 ΔP 与当前人口总数（P）和时间变化的乘积成正比（比例为常数 α）。⊖也就是说，

$$\Delta P = \alpha P \Delta t$$

即

$$\frac{\Delta P}{P} = \alpha \Delta t \tag{3-11}$$

参考这一过程，我们可以给出资产价格变化的第一个近似，至少在短时间内，可以合理地假设价格变化与当前价格成正比。首先，假设

$$\frac{\Delta S}{S} = \mu \Delta t \tag{3-12}$$

比例常数 μ 衡量了确定性效应的大小，类比于牛顿冷却定律［式（3-10）］，其具体取值是基于资产历史数据得出的。一个特别简单的假设

⊖ 托马斯·马尔萨斯（Thomas Malthus）（1786—1834）使用类似式（3-11）的表达式来分析人口增长。与式（3-4）类似，这种近似的合理性"在很小的范围内"是成立的，但一般而言绝对不成立。事实上，这种不正确的表述引发了数个世纪的关于马尔萨斯主义的辩论。一种修正方法是用二次表达式代替线性项：对于 $aP + bP^2 = P(a + bP)$，不只使用其泰勒展开式的第一项，而是使用前两项。这样做增强了参数的解释能力，考虑到更多因素，例如承载能力（Carrying Capacity）、死亡率和 Logistic 方程。这里的要点是：建模要谨慎小心！模型预测要与实际数据进行比较。

是 μ 为常数，更精确的模型需要借助函数 $\mu(S,t)$ 来反映价格等因素是如何影响"漂移项（Drift）"的。

那么问题来了：资产价值的变化**不是**严格确定的，一些无法被精确纳入模型的因素构成了随机效应，会对变化量进行调节。这需要式(3-12) 加上随机的、无法预测的变化。为了便于接下来的讨论，希望读者复习第 1 章的内容，这会为接下来对**正态分布**的讨论提供帮助。

3.2.2 随机变量

回忆一下，随机变量 X 的期望值为

$$E(X) = \sum_{j=1}^{n} P_j X(j) \quad 或 \quad E(X) = \int_{-\infty}^{\infty} X(x) f(x) \mathrm{d}x$$

方差为

$$\mathrm{Var}(X) = E([X - E(X)]^2) = E(X^2 - 2XE(X) + (E(X))^2) = E(X^2) - [E(X)]^2 \tag{3-13}$$

其中，标准差 $\sigma = \sqrt{\mathrm{Var}(X)}$，代表一单位的"距离"。

以旋转硬币为例，我们复习一下之前学过的术语。如果正面朝上（H）的概率是 0.3，$X(H) = 1$，$X(T) = 0$，那么 X 表示正面朝上的次数为

$$E(X) = 0.3 X(H) + 0.7 X(T) = 0.3$$

且

$$\mathrm{Var}(X) = E(X^2) - [E(X)]^2 = [0.3 X^2(H) + 0.7 X^2(T) - 0.09 = 0.3 - 0.09$$

继续回忆，变量的标准化形式是

$$Z = \frac{X - \mu}{\sqrt{\mathrm{Var}(X)}} = \frac{X - \mu}{\sigma}$$

代入数值，得到

$$Z = \frac{X - \mu}{\sigma} = \frac{X - 0.3}{\sqrt{0.21}}$$

正态分布

再举一个例子，令 $U \sim N(0,1)$，其中 $N(0,1)$ 表示方差为 1 的正态分布的概率密度函数（PDF），函数形式为

$$f(x) = \frac{1}{\sqrt{2\pi}} e^{-\frac{x^2}{2}}$$

系数 $\frac{1}{\sqrt{2\pi}}$ 意味着曲线 $y = e^{-\frac{x^2}{2}}$ 下方的面积为 $\sqrt{2\pi}$。因此 U 的标准化形式是 $Z = \frac{U-0}{1} = U$，即随机变量 U 已经是它标准化的形式。该说明的重要性在于，当将 U 与另一个标准化形式的随机变量进行比较时，本质是比较两个标准化形式的随机变量。

对于任意数值 t，计算 $U \leqslant t$ 的概率很简单：

$$P(U \leqslant t) = \int_{-\infty}^{t} f(x) \, dx = \frac{1}{\sqrt{2\pi}} \int_{-\infty}^{t} e^{-\frac{x^2}{2}} \, dx \tag{3-14}$$

"标准正态分布表"给出了式（3-14）的积分值，该表现在随处都能找到，例如网络搜索。表格给出了特定的 t 值（标准差）对应的 Z 值（该积分的值）。

3.2.3 回到金融

现在亟须解决的难题是找到合适的随机变量，以对影响价格的随机效应建模。因为选择的随机项旨在反映许多个体效应的累积或者加总，所以我们先观察随机变量之和的性质，以帮助我们理解后文，比如

$$Y_n = \sum_{j=1}^{n} X_j$$

用旋转硬币的例子进行说明，随机变量 X_j 表示第 j 次硬币最终正面朝上（H），如果旋转 100 次硬币，那么 $Y_{100} = \sum_{j=1}^{100} X_j$ 表示正面朝上的次数。

对随机变量之和 $Y_n = \sum_{j=1}^{n} X_j$ 的分析如下：找到 Y_n 的标准化形式，即

$$Z_n = \frac{Y_n - E(Y_n)}{\sqrt{\mathrm{Var}(Y_n)}} = \frac{\sum_{j=1}^{n} X_j - E\left(\sum_{j=1}^{n} X_j\right)}{\sqrt{\mathrm{Var}\left(\sum_{j=1}^{n} X_j\right)}} \quad (3\text{-}15)$$

举例来说，如果解出$Z_n \leqslant -0.4$，那么随机变量之和至少比期望值小0.4个标准差。

各种事件发生的概率可以使用**中心极限定理（Central Limit Theorem）**计算。首先是前提假设（读者应当仔细思考其合理性）：中心极限定理要求随机变量X_j满足IID，即"独立同分布（Independent and Identically Distributed）"。

（1）"同分布"要求每个X_j拥有相同的概率密度函数，这样每个X_j就有相同的均值μ和标准差σ。多次翻转同一枚一美分硬币便是如此。

（2）"独立条件"是指每个X_j的结果与其他任何随机变量的结果无关。扔掷n次骰子是一个典型的例子：每次结果之间互不影响。独立性假设是一个很强的假设，我们的目的是由它推导出

$$\mathrm{Var}\left(\sum X_j\right) = \sum \mathrm{Var}(X_j) \quad (3\text{-}16)$$

综上，关于随机变量的IID假设将式（3-15）简化为

$$Z_n = \frac{\sum_{j=1}^{n} X_j - E\left(\sum_{j=1}^{n} X_j\right)}{\sqrt{\mathrm{Var}\left(\sum_{j=1}^{n} X_j\right)}} = \frac{\sum_{j=1}^{n} X_j - n\mu}{\sqrt{n\sigma^2}} = \frac{\sum_{j=1}^{n} X_j - n\mu}{\sqrt{n}\sigma} \quad (3\text{-}17)$$

如果μ和$\sigma > 0$均为有限值，那么中心极限定理认为，当n较大时，$Z_n \leqslant t$的可能性（不超过t倍标准差的可能性）与$U \leqslant t$的可能性相同，其中$U \sim N(0,1)$（即U是之前提到的正态分布且已经是标准化形式）。多么意外！并且，**无论随机变量X_j服从什么分布**，该结论都成立！

现在我们可以立刻开始解决问题了：只要把形如$\sum_{j=1}^{N} X_j \leqslant a$的问题转化成标准化形式即可。为了便于说明，回到旋转硬币的例子，$\sum_j X_j$表示正面朝上的次数。[PDF为$p(H) = 0.3$，$p(T) = 0.7$]。如果旋转了100次，

正面朝上不超过 20 次的概率是多少？换言之，$Y_{100} = \sum_{j=1}^{100} X_j \leq 20$ 的概率是多少？

每一次旋转硬币都满足 IID 假设，且 $\mu = E(X_i) = X(H)p(H) + X(T)p(T) = 0.3$，我们已经算出 $\text{Var}(X_i) = E(X_i^2) - (E(X_i))^2 = 0.3 - 0.09 = 0.21$。接下来，我们将利用这些信息把 $Y_{100} \leq 20$ 转化为 $Z_{100} \leq t$ 的形式，然后利用中心极限定理求解答案。

借助式（3-17），把 $Y_{100} \leq 20$ 转化为 $Z_{100} \leq t$ 的形式，即先在不等式 $Y_{100} \leq 20$ 两边同时减去 $E(Y_{100})$，然后两边同除以 $\sqrt{\text{Var}(Y_{100})}$，得到

$$P(\sum_{j=1}^{100} X_j \leq 20) = P(\sum_{j=1}^{100} X_j - E(\sum_{j=1}^{100} X_j) \leq 20 - 30)$$

$$= P\left(\frac{\sum_{j=1}^{n} X_j - 100\mu}{\sqrt{\text{Var}(Y_{100})}} \leq \frac{20 - 30}{4.58}\right) = P(Z_{100} \leq -2.18) \quad (3\text{-}18)$$

中心极限定理告诉我们，当 n 足够大时，式（3-18）对应的概率近似等于

$$P(U \leq -2.18) = \frac{1}{\sqrt{2\pi}} \int_{-\infty}^{-2.18} e^{-\frac{x^2}{2}} dx = 0.0146$$

当标准差为 -2.18 时，查询正态分布表可得上述概率仅为 0.0146，是一个小概率事件。⊖

定理1（中心极限定理） 假设 $X_1, X_2, \cdots, X_n$ 是一系列独立同分布的随机变量，$E(X_j) = \mu$ 和 $\text{Var}(X_j) = \sigma^2 > 0$ 且为有限值。令 $Z_n = \dfrac{\sum_{j=1}^{n} X_j - E(\sum_{j=1}^{n} X_j)}{\sqrt{\text{Var}(\sum_{j=1}^{n} X_j)}}$，则有

⊖ 相比于 $Y_n = \sum X_i$，平均值 $Y_n^* = \sum_{j=1}^{n} X_j$ 更常被使用。不过二者殊途同归，都可以用相同的方法找出 Z 相应的表达式，得出相同的结论。

$$\lim_{n\to\infty} P(Z_n \leqslant t) = \frac{1}{\sqrt{2\pi}} \int_{-\infty}^{t} e^{-\frac{x^2}{2}} dx, \quad -\infty < t < \infty \tag{3-19}$$

例如，假设 Upper（阿普，虚拟的大学）大学毕业生的平均起薪为 40 000 美元，标准差 $\sigma = 1200$ 美元。假设大学的公关人员恩里克（Enrique）认为实际平均起薪高于公开信息中的平均起薪，因此，他从 100 名毕业生中随机抽样，并发现他们的平均起薪超过 42 000 美元。由于抽样统计量可能存在运气的成分，所以恩里克希望算出：如果公开信息正确无误，则随机抽取 100 名学生，样本平均起薪大于 42 000 美元的概率。

问题等价于计算 $P\left(Y_{100} = \frac{1}{100} \sum_{j=1}^{100} X_j > 42\,000\right)$，其中 X_j 是第 j 个人的起薪。用 Z_{100} 重新表述这个问题，我们可以得到 $Z_{100} = \frac{Y_{100} - 40\,000}{120} > \frac{42\,000 - 40\,000}{120} = 16\frac{2}{3}$。

下面解释为什么分母（即标准差）是 120。回忆一下，$\mathrm{Var}(Y_{100}) = \mathrm{Var}\left(\frac{1}{100} \sum_{j=1}^{100} X_j\right) = \frac{1}{100^2} \mathrm{Var}\left(\sum_{j=1}^{100} X_j\right)$，而 X_j 独立意味着和的方差等于方差的和（将会在第 4 章开头解释），所以

$$\mathrm{Var}(Y_{100}) = \frac{1}{100^2} \sum_{j=1}^{100} \mathrm{Var}(X_j) = \frac{1}{100} \mathrm{Var}(X_j)$$

标准差为上式的平方根，为 $\frac{1}{10}\sqrt{\mathrm{Var}(X_j)} = \frac{1}{10}\sigma = 120$。

接着，由中心极限定理可知，该事件发生的概率值近似等于

$$P(Y_{100} > 42\,000) = P\left(\frac{Y_{100} - 40\,000}{120} > 16\frac{2}{3}\right) \approx \frac{1}{\sqrt{2\pi}} \int_{\frac{10}{6}}^{\infty} e^{-\frac{x^2}{2}} dx = 0.0479$$

所以，恩里克调查的毕业生来自学校公开信息所描述的总体的概率仅有不到 1/20。

3.2.4 随机效应

上文关于毕业生的例子向我们展示了中心极限定理令人难以置信

的威力：毕竟，我们没有关于该所大学毕业生起薪的概率分布的任何信息。

更令人惊讶的是，连随机变量的选择（无论 PDF 是否已知）都无关紧要！因此，该定理可以处理多种疑难问题。特别是当影响价格变化的随机项来自一大群人的行为时，通常可以采用这种方式建模，其中 X_j 代表第 j 个人的行为。

更具体来说，资产价格的随机变化可以用

$$\sigma \Delta X$$

建模表示，其中 σ 被称为**波动率（Volatility）**。假设 $\Delta X \sim N(0, \Delta t)$，这意味着 ΔX 满足

- 服从正态分布的随机向量。
- 均值为 0。
- 方差为 Δt。

我们有理由相信，在 Δt 的时间间隔内，资产价格随机变化的方差是 Δt 的倍数（毕竟这是事件发生的时间长度），而倍数 σ 反映了市场活跃度（Market Activity）。既然随机项选取 $\sigma \Delta X$ 的形式，那么 $\sigma^2 \Delta t$ 就反映了市场的波动性。

根据这些假设，价格变化方程可以表示为

$$\frac{\Delta S}{S} = \mu \Delta t + \sigma \Delta X \tag{3-20}$$

即

$$\Delta S = \mu S \Delta t + \sigma S \Delta X \tag{3-21}$$

我们建议读者在建模时务必谨慎。大家应该思考，上述推导的含义是什么？将这种假设应用于金融领域是否合理？你是否真的相信一个人的行为与另一个人无关？随着后文内容的展开，我们将对假设的合理性产生怀疑。

3.3 解释

我们诉诸微积分的知识来求解式（3-20）。利用积分的定义，也许求解 $S(t)$ 的快速方法是找到最好的近似表达式：

$$\sum \frac{\Delta S}{S} = \mu \sum \Delta t + \sigma \sum \Delta X \tag{3-22}$$

当 $\Delta t \to 0$ 时，我们可以得到上述表达式的最佳近似值为

$$\int \frac{1}{S} dS = \mu \int dt + \sigma \int dX \tag{3-23}$$

这里存在一个问题，我们需要先解释一下等式右边的第二个积分项。$\int_a^b f(x) dx$ 表示通过加总底为 Δx 的小矩形的面积得到的最佳近似值。类似地，$\int dX$ 表示对于一个很小的 Δt 的值（方差），要求计算对应的 ΔX 的值。但是因为 ΔX 是正态分布的**随机变量**，所以它的值可以是正数、负数，甚至是 0。此外，当重新计算时，这个值一定会发生改变。因此，我们不能指望这些积分加总会趋向于某个固定值。从这个随机积分中可以得到的最好结果是一个概率分布。

概率分布

目前，虽然我们还不能解出式（3-21），但至少我们可以找到一些性质。ΔS 的期望值为

$$E(\Delta S) = \mu S \Delta t + \sigma S E(\Delta X) = \mu S \Delta t \tag{3-24}$$

上式成立的原因是 $\mu S \Delta t$ 是一个可确定的值（所以它等于它的期望值），并且根据假设，$E(\Delta X) = 0$。因此，由式（3-24），期望价格增量的变化是由漂移项决定的。

事实上，$E(\Delta X)=0$ 简化了 ΔS 方差的计算，即

$$\begin{aligned}\mathrm{Var}(\Delta S)&=E((\Delta S)^2)-(E(\Delta S))^2\\&=E(\sigma^2 S^2(\Delta X)^2+2\sigma\mu S^2\Delta X\Delta t+\mu^2 S^2(\Delta t)^2)-\mu^2 S^2(\Delta t)^2\\&=E(\sigma^2 S^2(\Delta X)^2)+\Delta t 2\sigma\mu S^2 E(\Delta X)=\sigma^2 S^2\Delta t\end{aligned}$$

(3-25)

上式唯一没有被消掉的项为 $E(\sigma^2 S^2(\Delta X)^2)=\sigma^2 S^2 E((\Delta X)^2)$。其中，因为 $E(\Delta X)=0$，所以 $E((\Delta X)^2)=\mathrm{Var}(\Delta X)=\Delta t$。

ΔS 的标准差是 $\sigma S\sqrt{\Delta t}$，这意味着波动率（价格增量在漂移项变化区间内变动）的标准差为 $\sigma S\sqrt{\Delta t}$。从直觉出发，这种波动取决于当前价格 S、随机项的标准差 $\sqrt{\Delta t}$，以及一个能够捕捉市场波动的附加项 σ。

虽然这些参数提供了有用的信息，但它们不能确定资产价格或价值变化的 PDF。这个问题我们将在下一章解决。

3.4 习题

1. 从当前发生的事件中找出显示有效市场假说有争议的例子，并说明为什么它是错误的。（提示：可以查找商业新闻。）

2. 求解 $f(x)=\cos(x)$ 在 $x=\pi$ 附近的泰勒级数的近似值。用这个近似值，求出精确到小数点后 6 位的 $\cos(\pi-0.1)$ 的值。

3. 利用泰勒级数，求出 $\mathrm{e}^{1.01}$ 的近似值，使其精确到小数点后 3 位。

4. 一个立方体的内部边长是 10in。材料的厚度为 0.2in。用泰勒级数的近似求解材料的使用量。

5. 这道题对我们下一章的进一步推导很重要。请确保你能理解它！

假设你想找到函数 $z=f(x,y)$ 在 $x=1$，$y=2$ 附近的近似表示。也就是说，你想要

$$f(x,y) \approx b_0 + b_{1,0}(x-1) + b_{0,1}(y-2) +$$
$$b_{2,0}(x-1)^2 + b_{1,1}(x-1)(y-2) +$$
$$b_{0,2}(y-2)^2 + \cdots$$

(a) 利用本章开头的思路求解系数。

(b) 求解三阶项 $(x-1)^3$，$(x-1)^2(y-2)$，$(x-1)(y-2)^2$，$(y-2)^3$ 中的四个系数。

(c) 四阶项需要多少个系数？

(d) 求解 $f(x,y) = e^x \cos(y)$ 在 $x=0$，$y=\pi$ 附近的二阶泰勒级数逼近值。

(e) 求解函数 $w = f(x,y,z)$ 在 $x=a_1$，$y=a_2$，$z=a_3$ 附近二阶泰勒级数逼近值。

6. 假设骰子是公平的。(也就是说，当扔掷骰子时，6 个数字中的任何一个——1，2，…，6 都等可能出现。)你在玩一个游戏，如果出现 1 或 2，你就赢 1 美元。如果出现 3 或 4，你就赢 2 美元。如果出现 5 或 6，你就损失 3 美元。如果游戏进行了 100 次，赢 10 美元或 10 美元以上的可能性是多少？

7. 假设城里唯一的娱乐活动是抛掷一枚均匀的硬币（正面和反面等可能出现）并下注 x 美元。如果正面朝上，回报是 $0.9x$ 美元；如果反面朝上，你就失去了 x 美元。你有 10 000 美元，而且必须在明天早上之前赢至少 5000 美元来向一个吝啬的人还债。

(a) 计算单次下注 10 000 美元至少赢得 5000 美元的可能性。

(b) 玩这个游戏 10 万次，每次下注 1 美元，计算赢得至少 1000 美元的可能性。不赔钱的可能性有多大？

我们从中学到了什么？

8. 一个 PDF 在 $x<0$ 时，$f(x)$ 为 0；在 $0 \leq x < 1$ 时，$f(x)$ 为 Cx；在 $x>1$ 时，$f(x)$ 为 0。假设进行一个游戏，其中随机变量 $X(x) = x$ 指定了结果。如果游戏进行了 100 次，求所得到的数字和在 0~50 之间的可能性。

第4章 一些概率

4.1 概率回顾

想象一下,如果我们提前几周知道 IBM 或者 Uber 明天的股票价格,我们能够得到什么好处呢?这些信息可以帮助我们配置看涨期权、看跌期权或进行其他金融活动,从而帮助我们实现早日"退休"的梦想。

在某种程度上,必须解出式 (3-21) 才能获取价格变化信息,而解出式 (3-21) 要求我们理解伊藤引理(Itô's Lemma,将在下一节进行介绍)。首先,让我们通过打赌游戏的形式,引入以及回顾一些概率的基本概念。

假设城里仅有的打赌游戏是旋转一枚挪威克朗硬币,并且你必须押注最终硬币会正面朝上。显然,和我们之前解释过的原因相同,硬币正面朝上的概率并不是 0.5。为了简化分析,假设

$$p(H) = 0.4, \quad p(T) = 0.6$$

且随机变量为 $X(H) = 1$,$X(T) = -1$。换言之,如果正面朝上,你可以赢得 1 元;如果反面朝上,你会失去 1 元。

这枚硬币每次旋转的期望值,或者期望收益为

$$E(X) = p(H) \times 1 + p(T) \times (-1) = 0.4 - 0.6 = -0.2$$

方差为

$$\mathrm{Var}(X) = E(X^2) - (E(X))^2 = p(H) \times 1^2 + p(T) \times (-1)^2 - 0.2^2 = 1 - 0.04 = 0.96$$

假设你决定参加这个游戏并决心大赚一笔，但是之后却运气不济。通常参与者最有可能会被诱惑着一直玩下去，寄希望于时来运转并弥补之前的亏损。当然，这只是他们的美好愿望，他们通常会不停地告诉自己"玩完这局就不玩了"。

为了讨论继续参加游戏可能的后果，我们假设每次结果X_i相互独立，并且概率分布相同。因此，中心极限定理的假设可以得到满足。

如果 $Y_n = \frac{1}{n}\sum_{i=1}^{n} X_i$，则 n 表示硬币旋转的次数，Y_n 表示平均每次旋转的收益。这里的"平均"表示在某种程度上，得到的 Y_n 的值应当和期望值 $E(X_i) = -0.2$ 相关。为了检验这是否正确，假设 $n = 100$，计算概率

$$P(-0.30 \leq Y_{100} \leq -0.10) \tag{4-1}$$

式（4-1）表示平均而言，参与者破产的可能性。

为了计算这个值，因为根据 CLT（Central Limit Theorem，中心极限定理），

$$\lim_{n \to \infty} P\left(a \leq \frac{Y_n - E(Y_n)}{\sqrt{\operatorname{Var}(Y_n)}} \leq b\right) = \frac{1}{\sqrt{2\pi}} \int_a^b e^{-\frac{x^2}{2}} dx \tag{4-2}$$

所以计算 $E(Y_n)$，$\operatorname{Var}(Y_n)$ 以及式（4-1），我们可以得到式（4-2）中 a 和 b 的值。

首先，计算平均值

$$E(Y_n) = E\left(\frac{1}{n}\sum_{j=1}^{n} X_j\right) = \frac{1}{n}\sum_{j=1}^{n} E(X_j)$$

因为每个 X_j 的分布相同，所以它们的平均值和方差相等。在我们的问题中，$E(X_j) = -0.2$，所以

$$E(Y_n) = \frac{1}{n}\sum_{j=1}^{n}(-0.2) = \frac{n}{n}(-0.2) = -0.2$$

因此，式（4-1）可以表示为

$$P(-0.30 \leq Y_{100} \leq -0.10) = P(-0.30 - (-0.2) \leq Y_{100} - E(Y_n)$$
$$\leq -0.10 - (-0.2))$$

等价于求解

$$P(-0.10 \leq Y_n - E(Y_n) \leq 0.10)$$

为了计算方差，注意到，当 a 是标量时，如果 $Y = aX$，那么 $E(Y) = aE(X)$。更有趣的是，

$$\text{Var}(Y) = E(Y^2) - (E(Y))^2 = E(a^2 X^2) - (aE(X))^2 = a^2 \text{Var}(X)$$

因此，当计算方差时，提出括号外的常数项需要变为原来的平方。考虑到 aX 是以 a 倍的速率增加 X，而方差是距离数据平均值的"距离的平方"，因此这是合理的。

处理加总变量可能会遇到困难，例如计算 $Z_1 + Z_2$ 的方差，其中 Z_1 和 Z_2 是均值为 0 的随机变量：

$$\text{Var}(Z_1 + Z_2) = E((Z_1 + Z_2)^2) = E(Z_1^2) + 2E(Z_1 Z_2) + E(Z_2^2) \quad (4\text{-}3)$$

第一项和最后一项分别是 Z_1 和 Z_2 的方差。(因为 $E(Z_1) = E(Z_2) = 0$)

中间项可能会给计算带来困难。为了处理中间项，独立性假设是非常重要的。如果 E_1 和 E_2 的 PDF 分别是 $h(x)$ 和 $k(y)$，独立性表示 h 的值和 y 无关，k 的值和 x 无关。因此，根据微积分可以得到

$$E(Z_1 Z_2) = \iint h(x)k(y)\mathrm{d}x\mathrm{d}y = \left(\int h(x)\mathrm{d}x\right)\left(\int k(y)\mathrm{d}y\right) = E(Z_1)E(Z_2)$$

回到式 (4-3)，因为 $E(Z_1 Z_2) = E(Z_1)E(Z_2) = 0 \times 0 = 0$，所以它去除了复杂的中间项。因此，独立变量之和的方差是变量方差的和，或者表达为之前出现过的形式：

$$\text{Var}(Y_n) = \left(\frac{1}{n}\right)^2 \text{Var}\left(\sum X_j\right) = \left(\frac{1}{n}\right)^2 \sum_{j}^{n} \text{Var}(X_j) = \left(\frac{1}{n}\right)^2 n\sigma^2 = \frac{\sigma^2}{n}$$

$$(4\text{-}4)$$

因为 $\sigma^2 = 0.96$，$\text{Var}(Y_n) = \dfrac{0.96}{n}$，所以我们可以将上述的例子写成

$$P\left(-\frac{0.10\sqrt{n}}{\sqrt{0.96}} \leq \frac{Y_n - E(Y_n)}{\sqrt{\text{Var}(Y_n)}} \leq \frac{0.10\sqrt{n}}{\sqrt{0.96}}\right) \quad (4\text{-}5)$$

边界值就是式（4-2）积分的极限。当 $n = 100$ 时，$a = -1.021$，$b = 1.021$。通过查阅正态分布表，我们可以得到上述范围出现的概率为 0.69，也就是说，参与者最终很可能会输。

如果抱着"我再玩一会儿"的想法，那么 n 值会更大，而更大的 n 值会降低方差。换言之，由式（4-5）可知，在等到好运来临之前，你更有可能会输得血本无归。当使用的 n 是平方数时，如 $n = 20^2 = 400$，则 $a = -2.041$，$b = 2.041$，说明平均损失在 $-0.3 \sim -0.1$ 之间的概率约为 0.958，即参与者很有可能会倾家荡产。方差越小，结果越可能靠近均值。⊖

将上述分析应用于 $\Delta X \sim N(0, \Delta t)$，我们可以得到命题 1。

命题 1 对于 $\Delta X \sim N(0, \Delta t)$，随着方差 $\Delta t \to 0$，$(\Delta X)^2$ 收敛于 Δt 的概率等于 1。

为了解释为什么有这个结论，我们可以假设 $Y = (\Delta X)^2$，则 $E(Y) = E((\Delta X)^2)$。因为 $E(\Delta X) = 0$，所以 $E(Y) = E((\Delta X)^2) = \text{Var}(\Delta X) = \Delta t$。基于之前的分析，我们预期，随着 $\Delta t \to 0$，Y 的值收敛于 Δt 的概率随之增加。

这一命题认为随着 $\Delta t \to 0$，$\text{Var}(Y)$ 将变得非常小。有了这一结论，我们就能在下一节开始推导 Y 的 PDF。

4.1.1　回顾链式法则

我们熟悉的链式法则形式如下，它可以帮助简化相关计算：

$$\frac{d}{dx}(x^2+1)^{80} = 80(x^2+1)^{79}\frac{d}{dx}(x^2+1) = 160x(x^2+1)^{79}$$

⊖ 有一次，我在课上讲完这一点后，一名学生哀嚎道："你为什么没有在我上周去拉斯维加斯之前上这节课呢！"

虽然链式法则被大家广泛使用,却也因此常常被大家小觑其能发挥的巨大作用。所以,我们回顾一下表达式

$$\frac{\mathrm{d}}{\mathrm{d}x}f(g(t)) = f'(g(t))g'(t) \tag{4-6}$$

的含义。为了便于理解,想象 $z=f(x)$ 表示东西方向一座山的海拔,其中 x 代表距离。$x=g(t)$ 代表在时间 t 时,汽车在东西水平线上的位置。因此,$f(g(t))$ 指明了在时间 t 时汽车的海拔。

显然,海拔变化的速度由**当前位置**山的坡度 $f'(g(t))$,以及汽车移动的速度 $g'(t)$ 决定。因此,式(4-6)展示了一种直观的感觉,即海拔的变化率是由山的坡度和汽车的速度两个独立要素共同决定的。

上述发现强调了链式法则的作用,例如,它可以经济要素进行分解。举个例子,假设你要生产一种特定的产品,你的利润与生产设备的生产能力 M 以及装配线将原材料送入生产设备的速度 A 相关。那么,为了增加利润,你应该加强配置生产设备还是装配线呢?简单地回答这个问题,假设利润方程为 $P=M(A(t))$。根据链式法则,利润的变化率为 $\frac{\mathrm{d}P}{\mathrm{d}t} = M'(A(t))A'(t)$。链式法则将生产设备的效率(由 M' 表示)以及装配线的效率(由 A' 表示)两者分解开来,便于我们分析。

回到本章的主题,关于微积分的第二个结论是积分 $\int_0^t f(x)\mathrm{d}x$ 可以由 $f(x)$ 的原函数(Antiderivative)计算。换言之,

$$F(t) - F(0) = \int_0^t f(x)\mathrm{d}x, \quad \text{其中} F'(t) = f(t) \tag{4-7}$$

通过将链式法则与微积分基本定理相结合,我们可以得到一种快速计算的方法。例如,

$$\frac{\mathrm{d}}{\mathrm{d}x}\left[\int_{-t}^{t^2} e^{\sin(x)}\mathrm{d}x\right] \tag{4-8}$$

一种可以计算上式的方法是尽职尽责地完成所有的步骤:首先计算

积分（如果你可以的话），带入极限，然后进行微分。然而，使用链式法则，计算会变得更加简便。

为了简化说明，假设我们的目标是计算

$$\frac{\mathrm{d}}{\mathrm{d}t}\left[\int_{g(t)}^{h(t)} f(x)\,\mathrm{d}x\right]$$

其中 $F(x)$ 是 $f(x)$ 的原函数，即 $\int_{g(t)}^{h(t)} f(x)\,\mathrm{d}x = F(h(t)) - F(g(t))$。因为 $F'(x) = f(x)$，根据链式法则，$\frac{\mathrm{d}}{\mathrm{d}t}[F(h(t)) - F(g(t))] = F'(h(t))h'(t) - F'(g(t))g'(t) = f(h(t))h'(t) - f(g(t))g'(t)$。因此，

$$\frac{\mathrm{d}}{\mathrm{d}t}\left[\int_{g(t)}^{h(t)} f(x)\,\mathrm{d}x\right] = f(h(t))h'(t) - f(g(t))g'(t) \tag{4-9}$$

多么神奇！**不用任何积分**就可以解决问题！我们就可以完全避免寻找原函数 F 这样一个复杂的过程啦！因此，式（4-8）的答案是

$$\frac{\mathrm{d}}{\mathrm{d}t}\left[\int_{-t}^{t^2} \mathrm{e}^{\sin(x)}\,\mathrm{d}x\right] = 2t\,\mathrm{e}^{\sin(t^2)} + \mathrm{e}^{\sin(-t)}$$

4.1.2 寻找新的概率密度函数

有了上面介绍的变换规则，本节将引入一种推导 PDF 的新方法，这种方法在我们对金融问题的讨论中会被加以运用。为此，回忆一下，如果 $f(x)$ 是 X 的 PDF，那么**累计密度函数（Cumulative Distribution Function，CDF）**为

$$F(t) = P(X \leqslant t) = \int_{-\infty}^{t} f(x)\,\mathrm{d}x \tag{4-10}$$

用文字表达，即 CDF 是从 $-\infty$ 到 t 的累计概率。对比式（4-10）与式（4-7），可以证明 CDF 是 PDF 的原函数。

将上述规律结合链式法则，我们就可以找到不同随机变量的 PDF。我们举一个特例进行说明。假设 $Y = X^2$，其中 X 的 PDF 是 $f(x)$。根据式

(4-10)，Y 的 PDF 可以表示为 $\frac{d}{dt}P(Y \leq t)$。因此，为了找到 Y 的 PDF，我们需要

（1）找出 $P(Y \leq t)$ 的积分表达式。

（2）对其进行微分。

第一步，根据已知的信息，重新将 Y 表达为关于 X 的形式，即表达为以下积分的形式：

$$P(Y \leq t) = P(0 \leq X^2 \leq t) = P(-\sqrt{t} \leq X \leq \sqrt{t}) = \int_{-\sqrt{t}}^{\sqrt{t}} f(x) dx$$

为了找出 Y 的 PDF，使用式（4-9）对积分式微分，结果为

$$\frac{d}{dt}P(Y \leq t) = \frac{d}{dt}\int_{-\sqrt{t}}^{\sqrt{t}} f(x) dx = \frac{1}{2} t^{-\frac{1}{2}} [f(\sqrt{t}) + f(-\sqrt{t})]$$

使用这个方法，求解 $Y = (\Delta X)^2$ 和 $\mathrm{Var}(Y)$ 的 PDF。

举一个更简单的例子，假设你参加了一个比赛并被要求必须在区间 [0, 1] 中随机选择一个数字。你的奖金是你选择的数字的两倍的立方，即你的奖金在 0~8 的范围内。你想要计算你的奖金数额在 1~4 之间的可能性。

为了解决这个问题，令 X 表示在区间 [0,1] 中随机选择的变量，因此它的 PDF 为若 $0 \leq x \leq 1$，则 $f(x) = 1$。奖金的数额为 $Y = (2X)^3 = 8X^3$，我们的目标是计算 Y 的未知 PDF——$g(t)$。显然，不论 g 的形式如何，若 $t < 0$ 或 $t > 8$，$g(t) = 0$（因为 $Y = 8X^3$）。

为了找出 $g(t)$，计算

$$P(0 \leq Y \leq t) = P(0 \leq 8X^3 < t) = P(0 \leq X < \frac{1}{2} t^{\frac{1}{3}}) = \int_0^{\frac{1}{2}t^{\frac{1}{3}}} 1 dx$$

因此，Y 的 PDF 是

$$g(t) = \frac{d}{dt}P(Y < t) = \frac{d}{dt}\int_0^{\frac{1}{2}t^{\frac{1}{3}}} dx = \frac{1}{6} t^{-\frac{2}{3}} \quad 若 0 < t \leq 8$$

我们问题的答案为

$$P(1 < Y < 4) = \frac{1}{6}\int_1^4 t^{-\frac{2}{3}}\mathrm{d}t = \frac{1}{2}[4^{\frac{1}{3}} - 1]$$

4.2 伊藤引理

除了要确定价格将如何变化之外,对我们而言,更普遍的目标是要理解金融函数 $f(S,t)$ 是如何变化的。基于微积分的背景知识,我们知道如果 $f(x) = x^2$,(函数)改变量的近似值(导数)为

$$\frac{\Delta f}{h} = \frac{f(x+h) - f(x)}{h} = \frac{(x+h)^2 - x^2}{h} = \frac{2xh + h^2}{h} = 2x + h$$

用泰勒级数表示上式:

$$\Delta f = 2xh + h^2$$

我们可以将"在 $h \to 0$ 时函数得到极限值"的标准结论重新表述为"保留更慢趋近于 0、更占主导地位的项(h 的倍数),而忽略更快趋于 0 的项(h^2 项)",即

$$\Delta f \approx 2xh$$

因此,在下面的讨论中我们将运用这个方法忽略所有小于 Δt 的项。

伊藤引理(Itô's Lemma)引入了一种逼近 $\Delta f(S,t)$(即函数 $f(S,t)$ 的变化量)的便捷方法。在金融领域中,几乎所有事物都在围绕着一些 $f(S,t)$ 的选择。比如我们之前遇到过的看跌期权 $[f(S,t) = P_E(S,t)]$、看涨期权 $[f(S,t) = C_E(S,t)]$,甚至是跨式组合 $[f(S,t) = P_E(S,t) + C_E(S,t)]$。了解这些金融工具的价值如何变化的关键工具就是伊藤引理。

定理 2 假定

$$\Delta S = \sigma S \Delta X + \mu S \Delta t$$

式中,$\Delta X \sim N(0, \Delta t)$。如果 $f(S,t)$ 是一个平滑函数,那么对于一个非常

小的 Δt，

$$\Delta f(S,t) \approx \sigma S \frac{\partial f}{\partial S}\Delta X + \left[\mu S \frac{\partial f}{\partial S} + \frac{1}{2}\sigma^2 S^2 \frac{\partial^2 f}{\partial S^2} + \frac{\partial f}{\partial t}\right]\Delta t \qquad (4-11)$$

其中误差项比 Δt 更快趋近于 0。

在给出证明之前，具有批判性思维的读者应该会疑惑为什么 ΔX 的平均值为 0 而方差等于 Δt 呢？第一个问题很容易回答：如果 X 的均值是其他值，你可以把这个非零值移到漂移项中。如上一章所述，方差表示价格在 Δt 时间区间内的随机变化，因此假设方差是 Δt 的某种形式是合理的。但是为什么不是 $(\Delta t)^2$ 的形式呢？如果是这样，那么标准偏差将是 t 的倍数。或者为什么不是 $\sqrt{\Delta t}$ 的形式呢？这个问题的答案对于建模而言非常重要。所以我们先按照本书的方法继续展开下文，并将该问题的答案穿插在习题 8 中。

回到定理本身，一种理解式（4-11）的方法是将其与函数 $f(x,t)$ 在点 (x_0,t_0) 处的二阶泰勒级数［参见式（3-8）］展式进行比较。

$$\begin{aligned}\Delta f &= f(x,t) - f(x_0,t_0) \\ &\approx \frac{\partial f}{\partial x}(x-x_0) + \frac{\partial f}{\partial t}(t-t_0) + \frac{1}{2!}\frac{\partial^2 f}{\partial x^2}(x-x_0)^2 + \frac{\partial^2 f}{\partial x \partial t}(x-x_0)(t-t_0) + \\ &\quad \frac{1}{2!}\frac{\partial^2 f}{\partial t^2}(t-t_0)^2\end{aligned}$$

其中，所有的偏导数都是在点 (x_0,t_0) 处求得的。相比 $(t-t_0)^2,(x-x_0)(t-t_0),(x-x_0)^2$ 而言，误差项以更快的速度趋近于 0。

将 x 替换为 S 可得以下表达式：

$$\Delta f \approx \frac{\partial f}{\partial S}\Delta S + \frac{\partial f}{\partial t}\Delta t + \frac{1}{2}\frac{\partial^2 f}{\partial S^2}(\Delta S)^2 + \frac{\partial^2 f}{\partial S \partial t}\Delta S \Delta t + \frac{1}{2}\frac{\partial^2 f}{\partial t^2}(\Delta t)^2 \qquad (4-12)$$

将 $\Delta S = \sigma S \Delta X + \mu S \Delta t$ 代入式（4-12）右侧的第一项可得：

$$\frac{\partial f}{\partial S}\Delta S = \sigma S \frac{\partial f}{\partial S}\Delta X + \mu S \frac{\partial f}{\partial S}\Delta t$$

这个式子解释了式（4-11）中所有 $\frac{\partial f}{\partial s}$ 前面的乘数项。类似地，在式（4-11）中唯一项 $\frac{\partial f}{\partial t}$ 前面的乘数项正是式（4-12）右侧的第二项。

对比式（4-11）和式（4-12）可以发现，式（4-11）中剩余的 $\frac{1}{2}\sigma^2 S^2 \frac{\partial^2 f}{\partial S^2}$ 项代表了式（4-12）中的所有二阶项。这种情况出现的原因在于，某些项的值太小，它们在方程中被省略掉了。

因为"去掉极小项"是一种标准的数学方法，所以这种方式对于我们培养直觉感有较大的意义。考虑以下情景：一位驾驶员正开着他新买的兰博基尼超速行驶，他对爱车的唯一忧虑是担心爱车受到外界的撞击。如果是受到岩石的撞击，那必须引起高度警惕，而如果仅仅受到了苍蝇的撞击，则往往会被忽略。同样的逻辑也适用于数学。用数学公式举例，$\Delta t \approx 1/100$ 对模型结果影响较大，而（至少从趋近的角度）$(\Delta t)^2 \approx (1/100)^2 = 1/10\,000$ 的项则可以视为上述的苍蝇，它们的作用根本不值一提。

丢掉式（4-12）中无关紧要的 $(\Delta t)^2$ 项（比 Δt 更快趋近于 0）是我们处理式子的第一步。同样地，当 X 和 t 都趋近于 0 时，$\Delta S \Delta t$ 比 Δt 更快地趋近于 0，因此我们可以忽略式（4-12）中的 $\frac{\partial^2 f}{\partial S \partial t}$ 项。

让我们看看式子 $(\Delta S)^2 = \sigma^2 S^2 (\Delta X)^2 + 2\mu\sigma S^2 \Delta X \Delta t + \mu^2 S^2 (\Delta t)^2$ 还剩了什么。表达式中的最后两项明显比 Δt 更快趋近于 0，因此我们仅需要检验 $(\Delta X)^2$。此时，命题 1 就可以发挥作用了。该命题表明当 Δt 趋近于 0 时，随机变量 $(\Delta X)^2$ 以 1 的概率趋近于 Δt。因此，这一项在表达式中不能被省去，并且我们还可以用 Δt 替代 $(\Delta X)^2$。

4.3 应用

请记住，我们的目标是通过找到 $S(t)$ 的概率密度函数解出以下表达式：

$$\Delta S = \sigma S \Delta X + \mu S \Delta t \qquad (4\text{-}13)$$

为了让你对接下来的内容提起兴趣，假设我们可以通过魔术计算商品确切的未来价格，也许是滚石乐队（Rolling Stones）发行了"（I Can't Get No）Satisfaction"的原版专辑。假设我们可以确定专辑未来价格 $S(t)$（特别是在期望的时间 $t=T$）。想象一下，这样的信息可能带来的稳得利润！

不幸的是，这不太可能发生。但是尽管找到 $S(t)$ 的确切值超出了我们的当前能力，在一些假设之下（无论合理与否），我们至少可以计算出 $S(t)$ 的概率密度函数（PDF）！PDF 十分有用，它可以确定在到期日 $t=T$ 时，我们所拥有的滚石的专辑价值在 110~120 美元之间的可能性。只要为 $S(t)$ 函数找到概率密度函数（PDF），我们就可以一窥未来。尽管没法达到我们期望的精度，但至少提供了一种可能性。

概率密度函数可以用式（4-11）的伊藤引理的表达式进行计算，其中 $f(S,t) = \ln(S)$。为什么我们选择这个函数形式呢？我们把式（4-13）表示为

$$\frac{\Delta S}{S} = \mu \Delta t + \sigma \Delta X$$

等式的左边即为 $\Delta \ln(S)$。

当 $f(S,t) = \ln(S)$ 时，时间 t 并不是函数的自变量，因此 $\frac{\partial f}{\partial t}$ 项等于 0。因为 $\frac{\partial f}{\partial s} = \frac{1}{S}$，$\frac{\partial f^2}{\partial S^2} = -\frac{1}{S^2}$，所以为了方便起见，我们有

$$\Delta \ln(S) \approx \sigma \Delta X + \left(\mu - \frac{1}{2}\sigma^2\right)\Delta t \qquad (4\text{-}14)$$

应用 4.1.2 节的内容（习题 3）可以证明，如果 Y 为正态分布，那么 $aY+b$ 亦是如此。更确切地说，如果 $Y \sim N(\mu, \delta^2)$，则 $aY+b \sim N(a\mu + b, \delta^2)$。这也讲得通，只要把 b 当作均值，a 代表扩大倍数。把这一结论

与式（4-14）以及 ΔX 具有正态分布的假设相结合，我们可以得到一个重要的结论：$\Delta \ln(S)$ **也具有正态分布**。因此，我们还需要找到它的均值和方差。

计算均值和方差的方法很直接：

$$E(\Delta \ln(S)) = \sigma E(\Delta X) + \left(\mu - \frac{1}{2}\sigma^2\right)\Delta t = \left(\mu - \frac{1}{2}\sigma^2\right)\Delta t$$

类似地，$\Delta \ln(S)$ 的方差等于 $\sigma \Delta X$ 的方差，即 $\sigma^2(\Delta t)$。

4.1.2 节中有关内容的另一个直接应用表明，如果 m 和 s 分别为一个正态分布的均值和标准差，则对应的概率密度函数（PDF）是

$$\frac{1}{\sqrt{2\pi}s}e^{-\frac{1}{2}\left(\frac{x-m}{s}\right)^2} \qquad (4\text{-}15)$$

式（4-15）提供了 $\Delta \ln(S)$ 的概率密度函数（PDF）。

上述推导没有任何问题，但这并不是我们想要的。我们的真正目的是找到 $S(t)$ 的概率密度函数（PDF）。要计算这一项，可以模仿积分的定义方式：将区间 $[t_0, t]$ 等分为 n 个子间隔，表示符号为 $t_0 < t_1 < t_2 < \cdots < t_n = t$，$\Delta t = t_j - t_{j-1}$，并加入式（4-14）所示的增量。也就是说，分别计算等式的两边：

$$\sum_{j=1}^{n} \Delta \ln(S) \approx \sum_{j=1}^{n} \sigma \Delta X + \sum_{j=1}^{n} \left(\mu - \frac{1}{2}\sigma^2\right)\Delta t \qquad (4\text{-}16)$$

式子左边的加总可以直接写成

$$\ln(S(t)) - \ln(S(t_0)) = \sum_{j=1}^{n} \ln(S(t_j)) - \ln(S(t_{j-1})) \qquad (4\text{-}17)$$

对上述表达式的解释是，在 $\Delta t = [t_0, t_1]$ 的区间内，$\Delta \ln(S) = \ln(S(t_1)) - \ln(S(t_0))$。接着在 $\Delta t = [t_1, t_2]$ 的区间内，增量为 $\Delta \ln(S) = \ln(S(t_2)) - \ln(S(t_1))$。加总可得

$$[\ln(S(t_2)) - \ln(S(t_1))] + [\ln(S(t_1)) - \ln(S(t_0))] = \ln(S(t_2)) - \ln(S(t_0))$$

因为同时加减两项 $\ln(S(t_1))$ 的计算被抵消了。假如再叠加一项，加上 $\ln(S(t_3)) - \ln(S(t_2))$ 的项抵消了 $\ln(S(t_2))$ 项，最后留下了 $\ln(S(t_3)) - $

$\ln(S(t_0))$。通过以上步骤，我们可以得到式（4-17）。

至此，我们已经确定了式（4-16）左侧的加总。对式（4-16）右侧的第二个分量求和可以得到 $\left(\mu - \frac{1}{2}\sigma^2\right)(t - t_0)$。

现在剩下的就是求解和项 $\sum \sigma \Delta X$。如果我们假设在每个区间内发生的事情与其他任何区间内发生的事情都无关，那么我们就可以在概率（的角度）下得到求和的思路。（这个假设真的绝了！你能否接受，价格在一个时间范围内突然跳升，但却对接下来发生的事情没有影响？）在这种比较强的条件下，式（4-16）就是多个独立随机变量的加总。其中，每个变量均服从正态分布，因此我们可以使用下列定理。

定理3 $X_1, X_2, \cdots, X_n$ 是独立随机变量，其中 X_j 服从均值为 m_j、方差为 σ_j^2 的正态分布，其中 $j = 1, 2, \cdots, n$。随机变量 $Y = \sum_{j=1}^{n} X_j$ 服从正态分布，其均值 $m = \sum_{j=1}^{n} m_j$，方差 $= \sum_{j=1}^{n} \sigma_j^2$。

运用上述结论，$\ln(S(t)) - \ln(S(t_0))$ 服从正态分布，其均值为

$$\sum \left(\mu - \frac{1}{2}\sigma^2\right)\Delta t = \left(\mu - \frac{1}{2}\sigma^2\right)(t - t_0)$$

加上常数项 $\ln(S(t_0))$，函数 $\ln(S(t))$ 的均值为

$$\ln(S(t_0)) + \left(\mu - \frac{1}{2}\sigma^2\right)(t - t_0)$$

类似地，它的方差为

$$\sum \sigma^2 \Delta t = \sigma^2 (t - t_0)$$

因此可得定理4。

定理4 在所有标准假定（Standard Assumption）下，随机变量 $\ln(S(t))$ 服从均值为 $\ln(S(t_0)) + \left(\mu - \frac{1}{2}\sigma^2\right)(t - t_0)$、方差为 $\sigma^2(t - t_0)$ 的正态分布。

4.3.1　$S(t)$ 的概率分布函数

终于，在定理 4 的帮助下，我们可以计算出 $S(T)$ 的概率密度函数。我们将找出具体的 PDF 留给读者做练习（习题 6（a）ii、14 和 15），你只需要计算

$$\frac{\mathrm{d}}{\mathrm{d}x}P(S(T)\leqslant x)$$

即可。因为 $S(T)$ 是时间 $t=T$ 时的资产价格，所以 $P(S(T)\leqslant x)$ 是"在时间 T 时的资产价格小于或等于 x 的值的概率"。

根据 4.1.2 节，第一步是找到 $P(S(T)\leqslant x)$ 的积分表达式。即

$$P(S(T)\leqslant x) = P(\ln(S(T))\leqslant \ln(x)) = \frac{1}{\sigma^*\sqrt{2\pi}}\int_{-\infty}^{\ln(x)} e^{-\frac{(x-\mu^*)^2}{2(\sigma^*)^2}}\mathrm{d}x \tag{4-18}$$

式中，σ^* 和 μ^* 的值由定理 4 指定。接下来要做的就是微分！最后得到的结果被称为**对数正态分布**（Log-normal Distribution）。

一旦找到了 S 的概率分布函数（PDF），就可以计算出滚石专辑的价值在 100～120 美元之间的可能性了，即如果 $g(x)$ 为概率密度函数 PDF，那么就可以求解：

$$P(100<S<120) = \int_{100}^{120} g(x)\mathrm{d}x$$

4.3.2　对数正态分布

中心极限定理解释了正态分布之所以如此重要的原因之一。本着这种精神，有必要更多地强调对数正态分布的特殊性以及其被广泛使用的程度。

我们可以依靠一种广泛应用对数正态分布的建模方式来理解其内涵，这种建模常用来构造某一现象 Y 的变化情况：

$$\Delta Y = aY\Delta t + bY\Delta X, \quad \Delta X \sim N(0, \Delta t) \qquad (4\text{-}19)$$

式（3-20）是 ΔS 的特殊情况。式（4-19）之所以看似随处可见，是因为它对一种更为准确的表达方式 G 进行了简化：

$$\Delta Y = G(Y, \text{randomeffects})\Delta t$$

但是，我们可能对函数 G 一无所知。为此，在这里我们可以采用泰勒级数的思想，即用线性近似值［式（4-19）］代替神秘的 G。在许多设定中，未知增长率 ΔY 的第一个近似值取决于 Y 当前值的倍数［即参数 a，在式（3-20）中 $a = \mu$］。同样地，随机效应项 ΔX 应该是 Y 的倍数［即参数 b，在式（3-20）中 $b = \sigma$］。在这种情况下，每当式（4-19）出现时，对数正态分布都将在其中扮演重要角色。

对数正态分布在何种情况下可能出现呢？你可以考虑几乎所有情形，只要这些情形在任何情况下兼具确定性和随机性变化。以上观点会使你立即联想到生态学中物种之间的生长和共性问题。Preston［10］应该是第一个意识到对数正态分布在这类问题中的重要性的人。这一结论也得到了之后生态学研究的有力支持。另一个例子是传染病。比如，患流感的人越多，你患病的风险也会增加。无论这种"传染病"是 Twitter（推特）的使用时间（如［3，8］），还是 HIV（艾滋病）［9］，都是如此。

只要所选研究主题未来变化的确定性程度和随机变化的水平取决于当前所处状态，那么我们就能预期对数正态分布会在分析中发挥着核心作用。它可能是真菌的生长（习题 16）、接受某项特定技术、关于商品价格的信息交流，甚至是恶意但吸引人的谣言传播。我们都可以通过利用结合研究对象与对数正态的网络搜索的方式支持以上判断，例如谣言传播的对数正态分布。

为什么是对数正态？有些人对这种普适的分布背后的逻辑提出了疑问。例如，Grönholm 和 Annila［5］表达了一个普遍的疑问："对数正态分布确实能够描述来自不同科学学科的数据。但是，（对于我们而言）

对数正态分布最基础的部分却是未知的。"

但其实我们已经对其有所了解了！一个又快又好的回答会立刻蹦出脑海：当我们使用式（4-19）对许多对象的变化进行一阶近似建模时，均推导出了对数正态分布。

以上讨论还告诉我们，何时以及为什么有些情境中对数正态分布不需要与实现的数据有良好的拟合，毕竟式（4-19）只是对价格变化的一阶近似，可能并不足够。例如，生长中的真菌可能会遇到天然屏障（例如池塘或岩石区），这至少需要修改式（4-19）中的 $bY\Delta X$ 项。对数正态分布由均值和方差确定（习题15），但它们的取值由建模中不同的特征（定理4）决定，而且在不同的时间区间中，它们的取值也可能有所不同，这可能会导致对数正态分布的概率密度函数的图像发生变化。另外，建模可能需要不止一阶泰勒级数。但这其中的价值体现在，我们现在知道在哪里检验以及检验什么了。

改变模型的同时也会改变某些属性。进一步说，式（4-19）是"与标度无关（Scale-free）"的。为了说明这是什么意思，我们将变量 $Y = 10U$ 代入式（4-19）中：

$$\Delta(10U) = a(10U)\Delta t + b(10U)\Delta X$$

或者也可表达为

$$\Delta U = aU\Delta t + bU\Delta X$$

但如果式（4-19）必须含有 Y^2 项，那么

$$\Delta Y = aY\Delta t + Y^2\Delta t + bY\Delta X$$

当倍数的表达发生了变化，最终的表达式则变为

$$\Delta U = aU\Delta t + 10\,U^2\Delta t + bU\Delta X$$

这种"与标度无关"的特性使得我们可以在模型中分析所有的行为，无论它是微不足道的还是里程碑式的。同时，基于此，我们还可以在模型中使用对数正态分布。相反，如果我们的建模没有这种标度特征

(Scaling Feature),我们则需要重新评估式(4-19)的近似结果。

4.4 习题

1. 求解 $\dfrac{\mathrm{d}}{\mathrm{d}t}\displaystyle\int_0^{e^t} e^{x^2}\mathrm{d}x$。

2. 本题的目的是帮助读者积累求解 PDF 的经验。

(a) 假设 $Y=3X+4$,其中 X 的 PDF 在 $0\leqslant x\leqslant 1$ 时等于 1,其余情况为 0。求解 Y 的 PDF。

(b) 假设 $Y=X^2$,其中 X 的 PDF 在 $0\leqslant x\leqslant 1$ 时等于 1,其余情况为 0。求解 Y 的 PDF。

(c) 假设 X 的 PDF 在 $0\leqslant x\leqslant 2$ 时为 $f(x)=cx^2$,其余情况为 0。求解 $Y=3X+4$ 的 PDF。

(d) 假设 $Y=X^4$,其中 $X\sim N(0,4)$。求解 Y 的 PDF。

3. 假设 $X\sim N(0,1)$,且 σ 是一个正常数。

(a) 求解 $Y=\sigma X$ 的 PDF。

(b) 假设 μ 是一个常数,求解 $Z=\sigma X+\mu$ 的 PDF。

4. 令 X 的 PDF 在 $0\leqslant x\leqslant 1$ 时为 $f(x)=Cx$,其余情况为 0,C 是一个你需要确定的常数。令 $X(x)=x$。

(a) 求解 $Y=2X+4$ 的 PDF。

(b) 求解 $Z=4X^2$ 的 PDF。

(c) 令 $X(x)=x$ 的 PDF,$x\geqslant 0$ 时 $f(x)=e^{-x}$,其余情况等于 0。求解 $Y=X^3$ 的 PDF。

5. 假设 $X=\ln(Y)$,其中 $X\sim N(\mu,\sigma^2)$,求解 Y 的 PDF。

6. 假设 $X\sim N(\mu,\sigma^2)$。

(a) 如定理 4 所述,求解 $S(T)$ 的 PDF。

1）找到 $Y = X^2$ 的 PDF。

2）假设 $\ln(S(T)) \sim N(a, b^2)$。找到 $S(T)$ 的 PDF。（完成上述关于定理 4 中 S 分布的讨论，$a = \ln(S(t_0)) + (\mu - \frac{1}{2}\sigma^2)(T - t_0)$，$b^2 = \sigma^2(T - t_0)$）

(b) 求解 $Z = e^x$ 的 PDF。

(c) 求解 $U = \ln(X)$ 的 PDF。

(d) 求解 $V = X^3$ 的 PDF。

7. 假设 $\Delta X \sim N(0, t^2)$。大量研究都使用了 $E((\Delta X)^2) = \Delta t$ 这一事实。使用 ΔX 的方差，解释为什么会这么做。

8. 接下来的两个习题解释了为什么有必要假设 ΔX 的方差为 Δt。你会逐渐明白，如果使用任何其他的指数形式，我们可能会从式子中约去一些特定的重要的项。

（a）假设 $\Delta X \sim N(0, (\Delta t)^2)$。重复伊藤引理的推导，找出哪些项消失了。换言之，确定在 Δt 非常小时哪些项最大，并仅保留该数量级的项。解释为什么答案不能达到我们的目标。

（b）改变 ΔX 的方差为 $\sqrt{\Delta t}$，重新完成问题（a）。同样，在忽略一些项时，请检查哪些项的值最大。

接下来的两个习题会揭示如何将伊藤引理用于不同的 ΔS。

9. 如果 $\Delta S = 0.2\Delta t + 2S\Delta X$，那么伊藤引理的形式是什么？

10. 当 $\Delta S = S^2 \Delta t - S^3 \Delta X$ 时，重新完成上题。

11. 下面的问题中，假设 $\Delta X \sim N(0, \Delta t)$，请找出伊藤引理的结论。

(a) $\Delta S = 3 S^2 \Delta t - 6 S^3 \Delta X$。

(b) $\Delta S = \mu \Delta t + \sigma S \Delta X$。

(c) $\Delta S = 2S\Delta t + 3\sigma S^2 \Delta X$。

(d) $\Delta S = \mu \frac{1}{S}\Delta t + \sigma S^2 \Delta X$。

12. 令 $X \sim N(0,1)$。

（a）令 $Y = a + \sigma X$。求解 Y 的 PDF。

（b）令 $Y = X^2$。求解 Y 的 PDF。

13. 假设 $\Delta S = 3S\Delta t + 2S\Delta X$ 且今天的价格为 $S(0) = 50$。找到（或推导）价格为 $S(1)$ 的 PDF，即从现在开始一年的价格的 PDF。

14. 完成 $S(t)$ 的 PDF 推导，即找到式（4-18）的导数，包括 σ^* 和 μ^* 的值。

15. 这道题与对数正态分布有关。

（a）正态分布满足

$$\frac{1}{\sigma\sqrt{2\pi}}\int_{-\infty}^{\infty} e^{-\frac{(x-\mu)^2}{2\sigma^2}} dx = 1$$

令 $x = \ln(s)$，求出其积分。它定义了对数正态分布的 PDF，即 $f(s)$，其中积分极限确定了 s 的值。

（b）若 $f(s)$ 是上述问题中找到的 PDF，请找到在哪里 $f(s)$ 取得最大值。当 $\sigma \to 0$ 和 $\sigma \to \infty$ 时，该最大值的位置分别会发生什么变化？

（c）根据上述两个问题以及你对正态分布形态的知识，画出 $\sigma = 0.1$ 且 $\mu = 2$ 的对数正态分布的图像，以及 $\sigma = 2$ 且 $\mu = 2$ 的对数正态分布的图像。

（d）从问题（a）和习题 14 可知，PDF 的形式为 $e^{-\frac{(\ln(x)-\mu)^2}{2\sigma^2}}$。这暗示了利用横轴上的 $\ln(x)$ 单位绘制 $e^{-\frac{(\ln(x)-\mu)^2}{2\sigma^2}}$ 图像的方法。为说明如何画图，将 x 作为首选值 $a > 1$ 的幂，例如 $x = 2^s$。基于此，$\ln(x) = \ln(2^s) = s\ln(2)$。在 s 轴（水平轴）上用等距法线刻度记录下…，-2，-1，0，1，2，3，…，这些将对应 s 或者 $\ln(x)$ 的值。在每个 s 值的下方，写下对应的 $x = 2^s$ 的值为…，$\frac{1}{4}$，$\frac{1}{2}$，1，2，4，8，…。这意味着一个 s 段的所有 x 值都在 $1 \sim 2$ 之间，下一个相等大小的 s 段的所有 x 的值在 $2 \sim 4$ 之间，下一个值在 $4 \sim 8$ 之间，以此类推。

绘制标准正态分布曲线，其中 μ 的取值用 x 表示以作为对对数正态分布的一种拓展。

接下来，为了获得常见的图形，将 x 数值缩放到等距。由此，我们可以得到 $0 \sim 1$ 的紧收缩（s 刻度上从负无穷到 0 的所有值都必须压缩为 x 刻度上一个单位的间隔）和大于 1 时的扩展（例如，s 刻度上 $0 < s < 3$ 的所有值都必须扩展到 x 刻度上的 $1 \sim 8$）。

16. 在密歇根州的水晶瀑布（位于密歇根州上半岛——密歇根州由两个不相连的半岛组成，上半岛在苏必利尔湖岸边的北部），有一种半径为 600 英尺（1 英尺 $\approx$ 0.3 米）并不断长大的巨型真菌。假设其周长的增长量为 $C(t)$，且

$$\Delta C(t) = 0.1 C(t) \Delta t + 0.2 C(t) \Delta X, \Delta X \sim N(0, \Delta t) \quad (4.20)$$

求出 $C(100)$（从现在开始的一个世纪）的可能分布，并给出推导的前提假设。这些假设合理吗？

17. 本题旨在帮助使用伊藤引理。假设 $\Delta S = \mu S \Delta t + \sigma S \Delta X$，$\Delta X \sim N(0, \Delta t)$。

(a) 找出 $\Delta \ln(S)$。

(b) 找出 $\Delta[[C_E(S,t)]^2]$。

(c) 找出 $\Delta[C_E(S,t) - 4S]$。

(d) 找出 $\Delta[P_E(S,t) + 2S]$。

(e) 找出 $\Delta[C_E(S,t) - P_E(S,t)]$。

第 5 章 布莱克-斯科尔斯方程

我们现在准备推导重要的布莱克-斯科尔斯方程,它被广泛应用于确定看涨期权和看跌期权的价格!下面我们先列出一个推导提纲,在第 6 章阐述具体的推导细节。

(1) 对冲。布莱克-斯科尔斯方程描述了一个有趣的双重对冲策略:第一个部分利用投资组合的市场结构进行对冲,第二个部分利用不同的市场进行对冲。

更准确地说,假设在一个投资组合 Π 中,投资者同时使用看跌期权和看涨期权谨慎地进行对冲以规避风险,但是这个投资组合并没有限制投资者只能在一个市场进行投资,因此如果其他市场出现投资机会,投资者完全可以将资金转移到可获得更高回报的市场。在各种可规避风险的方法中,其中一种风险中性的策略是卖出 Π 然后将资金存到银行中(以收取利息)。

(2) 伊藤引理。因为投资者会持续关注自己所做投资的变化情况,所以针对上文提到的风险中性策略,他应当分别计算 $\Delta_{\text{market}}\Pi$ 和 $\Delta_{\text{bank}}\Pi$。在利率为 r 时,后者(在 2.4.1 节提到)为

$$\Delta_{\text{bank}}\Pi = r\Pi\Delta t \tag{5-1}$$

在计算 $\Delta_{\text{market}}\Pi$ 的过程中,伊藤引理起着核心作用。

(3) 套利。$\Delta_{\text{market}}\Pi$ 和 $\Delta_{\text{bank}}\Pi$ 两者间的差值可能会产生套利机会。一旦出现套利机会,投资者的行为是可预见的:他们会将资金投入到有利可图的市场中去,所以价格、利率和其他市场变量等会随之不断变化,直至 $\Delta_{\text{market}}\Pi = \Delta_{\text{bank}}\Pi$。

(4) 赌球与消除风险。随机项 ΔX 的存在引入了显性风险（Explicit Risk）。在橄榄球比赛的例子中，参与者通过调整下注比例降低风险，类似地，由随机项 ΔX 造成的风险也可以通过对投资组合配比的调整来消除。

(5) 看跌—看涨平价关系式。我们可以借助看跌—看涨平价关系式来解决一些技术性的细节问题。

基于这个提纲，让我们开始推导吧！

5.1 布莱克-斯科尔斯方程推导过程

根据伊藤引理，我们有

$$\Delta f(S,t) = \sigma S \frac{\partial f}{\partial S} \Delta X + \left[\mu S \frac{\partial f}{\partial S} + \frac{1}{2}\sigma^2 S^2 \frac{\partial^2 f}{\partial S^2} + \frac{\partial f}{\partial t} \right] \Delta t \tag{5-2}$$

在以下的推导过程中，我们用 $V(S,t)$ 表示期权的价值，它可能是到期日为 T、行权价为 E 的看涨期权或看跌期权。我们的目标是计算对于价格为 S 的标的资产，该期权在到期日之前的任意时刻 t 的价值 $V(S,t)$。

为了搞清楚为何需要这样做，首先让我们假设托利科拥有一份执行价 $E=100$ 美元、3月1日到期的看涨期权，当前标的资产的价格 $S=102$ 美元。如果塔蒂亚娜现在可以花 3.70 美元买到这份看涨期权，那么这笔交易到底划不划算呢？如果我们可以计算得出这份看涨期权 $C_{100}(102,t)$ 的市场价值，就能马上给出回答。

要记住，期权可不是用来娱乐消遣的工具，它是一种金融投资工具，目的是实现获利。同样一笔钱，投资者可以选择全部用于购买某项资产，也可以选择用来进行资产对冲，当然还可以靠别的投资来获取收益，比如把钱全部存入银行收取利息，在此我们不限定仅以股票作为期权的标的资产。期权的价值反映了这些投资选项之间的平衡关系。

首先，假设一个投资组合包含了一份期权和 δ 单位的资产。设置参数 δ 的目的是确定投资组合中期权和资产的数量关系，以确定适当的对冲组合。就此前的美式橄榄球比赛而言，这就类似于先以鲍勃为对手方下注 100 美元，然后再确定以苏为对手方时该下注多少美元，才能消除风险并且确保获得固定收益。δ 被称为"对冲比率（Hedge Ratio）"，其在此扮演着类似的角色。δ 的取值在每一个 Δt 时间区间内都需要被重新确定，因为它决定了如何调整投资组合以降低风险。在下一个 Δt 时间区间内，我们应当将之视为一场全新的橄榄球比赛，因此 δ 的取值将会发生改变[⊖]。

定义投资组合的价值如下：

$$\Pi(S,t) = V(S,t) - \delta S \tag{5-3}$$

因为 δ 是常数，所以我们可以得到以下一系列关系式：

$$\frac{\partial \Pi}{\partial S} = \frac{\partial V}{\partial S} - \delta, \quad \frac{\partial^2 \Pi}{\partial S^2} = \frac{\partial^2 V}{\partial S^2}, \quad \frac{\partial \Pi}{\partial t} = \frac{\partial V}{\partial t}$$

将以上关系式代入伊藤引理得到

$$\Delta_{\text{market}} \Pi(S,t) = \left(\frac{\partial V}{\partial S} - \delta\right) \sigma S \Delta X + \left[\left(\frac{\partial V}{\partial S} - \delta\right) \mu S + \frac{1}{2}\sigma^2 S^2 \frac{\partial^2 V}{\partial S^2} + \frac{\partial V}{\partial t}\right] \Delta t \tag{5-4}$$

记住，设置对冲比率 δ 的目的是消除随机项 ΔX 的变化所带来的风险。消除这些随机项的一种方法是让 ΔX 项的系数等于 0。因此，我们可以得到 δ 的取值：

$$\delta = \frac{\partial V}{\partial S} \tag{5-5}$$

在每段 Δt 时间区间伊始时都需进行该步操作，以确定 δ 的取值，并且 δ 的取值在当前的时间区间内保持不变。就橄榄球比赛而言，如果鲍勃改

[⊖] 符号变了！尽管文献中经常使用 Delta，但在本书中用 Δ 代表数学上的变化量，所以用小写的 δ 表示对冲。

变他给出的赔率，参与者与苏下注的金额也会随之发生改变。类似地，这里 δ 的取值决定了投资组合的组成，δ 也将随不同的事件的发生而改变，如在下一个时间区间内随着期权价值 V 与标的资产的价格 S 而变动。

为了更好地理解对冲比率 δ 的含义，请读者先回忆一下，（根据定义）$\frac{\partial V}{\partial S}$ 表示的是期权价值 V 如何随标的资产的价格 S 而变化。因此，δ 确定了如何调整投资组合以实现预期的对冲水平。的确，$\delta = \frac{\partial V}{\partial S}$ 的符号反映了管理投资组合的不同方法：当 δ 为正时，$-\delta S$ 要求持有标的资产空头头寸；当 δ 为负时，$-\delta > 0$ 则意味着买入标的资产以持有多头头寸。

现在让我们先按下暂停键，思考一下背后的金融学直觉，$\delta = \frac{\partial C_E(S,t)}{\partial S}$ 的符号应该是什么？如果使用看跌期权构造投资组合，$\delta = \frac{\partial P_E(S,t)}{\partial S}$ 的符号又该如何呢？要想回答这个问题，我们得回忆一下导致 $C_E(S,t)$ 或 $P_E(S,t)$ 的价值变动的影响因素有哪些。

如果按照式（5-5）选择对冲比率 δ 来进行风险管理，式（5-4）中会有**两个项**消失不见，不仅仅是带 ΔX 的表达式。这使表达式简化成如下形式：

$$\Delta_{\text{market}} \Pi(S,t) = \left[\frac{1}{2}\sigma^2 S^2 \frac{\partial^2 V}{\partial S^2} + \frac{\partial V}{\partial t}\right]\Delta t \tag{5-6}$$

令人意外的是，式（5-6）没有带 μ 的项。这是因为在消除会带来风险的随机效应时也消除了由参数 μ 表示的漂移行为。这想必也意味着，即使两名交易员对参数 μ 的取值估计不同，他们最终对期权价值的计算结果也应是一样的。因此，最后只剩下由 σ 表示的波动性与风险的不确定性相关。

目前，结合所确定的对冲比率的取值，式（5-6）表示期权价值 V 受标的资产当前价格的影响。但对金融市场的投资并不仅局限于某单一资产上。事实上，好比你用自己的钱准备买一辆新车，如果在其他地方有更好的价格，你可能就会去那里买车。这就需要将期权价值 V 与其他市场机会进行比较。整体的市场效应能够反映货币价值（也就是利率）的变化情况。所以，下一步来比较期权价值与货币价值的变化情况。

在这里，我们假设如果当前无风险贷款的利率，或银行的存款利率是 r，那么 Π 在 Δt 时间区间内获得的收益是

$$\Delta_{bank} \Pi = r \Pi \Delta t \tag{5-7}$$

但是我们要如何将式（5-7）中的 $\Delta_{bank}\Pi$ 与式（5-6）中的 $\Delta_{market}\Pi$ 联系起来呢？

假设一个投资组合可以在任意时间无成本贴现，或者换言之，任何时候都可以借到以 r 为利率的钱去购买更多期权和/或资产。如果投资组合的增加带来的利润超过借钱的成本，那么就去与你经常合作的银行借钱来增持投资组合吧！这种套利机会的存在使得货币更有价值（对货币的需求增加），因此利率 r 很可能会上升（这是另一个假设），最终使得借钱购买投资组合这一选择的优势逐渐消失。

反之，如果以 r 的利率在银行存款能赚到更多的钱，那么你就可以卖掉部分投资组合，把减持所收到的钱存到银行。如果很多人都这样做，预期利率 r 会下降。

这个合理的观点看似仍有不足。因为 S 可以是任何资产，包括滚石乐队发行的专辑，但是我们却很难想象，也很难接受利率 r 会受到滚石乐队唱片销量的影响！因为利率当然不会受其影响！但是，因为市场内部是相互关联的，所以专辑的定价可能与"甲"有关系，"甲"又与"乙"相关联，甚至可能与其他的"丙""丁""戊"都有联系。因此，投资组合的价值 $\Pi(S,t) = V(S,t) - S\dfrac{\partial V}{\partial S}$ 将会对整个市场做出反应，而不仅仅是对银行给出的无风险利率做出反应。这背后基于套利的论证过程就留给读者自行推证。

结合**套利**的想法，在一个高度理想化的环境下，利率可以迅速对市场做出反应，并且人们完全理解哪种行为最有利可图，我们可以合理地预期 $\Delta_{\text{market}} \Pi = \Delta_{\text{bank}} \Pi$。令二者相等，由式（5-3）和式（5-5）可以得到

$$r\left(V - S\frac{\partial V}{\partial S}\right)\Delta t = \left[\frac{1}{2}\sigma^2 S^2 \frac{\partial^2 V}{\partial S^2} + \frac{\partial V}{\partial t}\right]\Delta t$$

两边同时除以 Δt，得到**布莱克-斯科尔斯方程**的一个简单形式：

$$\frac{\partial V}{\partial t} + \frac{1}{2}\sigma^2 S^2 \frac{\partial^2 V}{\partial S^2} + rS\frac{\partial V}{\partial S} - rV = 0 \tag{5-8}$$

对于任何特定的 S 和 $T < t$，这个式子的解确定了看跌期权、看涨期权或任何投资组合的价值。等一下！这种说法怎么可能是对的呢？毕竟，看涨期权的价值与不断上涨的资产价格正相关，而看跌期权的价值增加又是基于对标的资产价格下跌的预期。怎么可能将两种完全相反的情况统一在一个方程中呢？其中肯定漏掉了什么。对此，我们将在 5.2 节展开介绍。

5.2 边界条件

布莱克-斯科尔斯方程是后向抛物型方程（Backward Parabolic Equation）。"抛物型"这个术语来自将两个变量的最高阶偏导数与二次方程进行比较。回忆一下，**抛物型方程**通常具有如下形式：

$$y = ax^2 + bx + c \tag{5-9}$$

式中，y 为一次幂，x 最高幂为二次幂。比较以上抛物型方程，因为式（5-8）与其具有相同的形式，只是底数被换成了偏导数，因此被称为**抛物型偏微分方程（Parabolic Partial Differential Equation）**。

为了解释"后向"这一术语的含义，我们仅仅保留最高阶导数项。我们有

$$\frac{\partial V}{\partial t} = -\frac{1}{2}\sigma^2 S^2 \frac{\partial^2 V}{\partial S^2} \qquad (5\text{-}10)$$

此时我们重点关注等号右边的"负号"。要理解这个符号的影响,考虑一个简单的微分方程:

$$\frac{dy}{dt} = -5, \quad y(t_0) = 1$$

其唯一解为

$$y(t) - 1 = -5(t - t_0)$$

时间项(t)前所乘的负数表示"后向"移动求解。同理,布莱克-斯科尔斯方程的解亦是从 T 的到期时间开始向过去移动。而这种移动方向正是我们所需要的,因为我们的目的就是想要弄清楚在到期日**之前**发生了什么!

5.2.1 热传导方程

要发现布莱克-斯科尔斯方程中缺少的信息,先让我们把注意力转向如下的前瞻抛物型偏微分方程(Forward Parabolic Partial Differential Equation):

$$\frac{\partial u(x,t)}{\partial t} = \frac{\partial^2 u(x,t)}{\partial x^2} \qquad (5\text{-}11)$$

式(5-11)是**热传导方程(Heat Equation)**。例如,考虑一根长度为 20 单位的细棒。热传导方程 $u(x,t)$ 的解给出了当 $t \geq 0$ 时,该细棒在每个位置处($0 \leq x \leq 20$)的温度。但是如果想要找到确切的答案,则需要更多的补充信息。

例如,这根细棒的初始温度是多少?它是从冰箱,抑或是从电炉里取出来的吗?设定的情景不同,方程 $u(x,t)$ 的解亦不同。因此,要想求出具体的解,我们所需的补充信息可以是给定这根细棒的初始状态,如

$$u(x,0) = u_0(x) \tag{5-12}$$

其中函数$u_0(x)$确定了该细棒在每个位置的初始温度。例如，如果温度在$0 \leq x \leq 20$的位置之间服从$[0℃，100℃]$的均匀分布，那么

$$u(x,0) = \frac{100x}{20} \tag{5-13}$$

即使两根细棒拥有相同的初始温度分布，如果我们在$t>0$时对两根细棒的两端进行不同的处理，两者最终的结果也不会完全匹配。为了说明这一点，考虑如下情景：三根细棒分别具有不同的热分布。第一根细棒的两端均使用喷灯进行加热；第二根细棒的一端用喷灯进行加热，另一端用冰降温；第三根细棒的两端均用冰降温。这三种不同的操作会产生不同的结果。以上情景表明，我们还需要有关$u(0,t)=0$和$u(20,t)=0$的信息。选择始终将两端温度维持在0℃时，条件被定义为

$$u(0,t) = 0, \quad u(20,t) = 0 \tag{5-14}$$

这些约束条件可以通过作图反映在一个无界的矩形区域内：

$$\{(x,t) | 0 \leq x \leq 20, \quad t \geq 0\}$$

这个区域有三条边界：一条水平线段$(x,0)$（x轴上$0 \leq x \leq 20$）和两条无限长的边界，分别对应（$x=0$，$t \geq 0$）和（$x=20$，$t \geq 0$）。为了解微分方程，我们需要先明确函数$u(x,t)$边界区域的预期变动情况。

5.2.2 布莱克-斯科尔斯的边界条件

模仿5.2.1小节热传导方程的求解，首先应该给出期权价值V在约束边界上的情况。但是，在这之前我们要知道，这个函数的边界是什么。

其实，我们并不需要用后向抛物型方程来确定开始时间$t=0$时的$u(x,t)$，但必须给出到期日$t=T$时的V值。因此，模仿上述细棒在结束时刻的表达式$u(x,t)$，此时需要的是在$S=0$与$S \to \infty$这两种极端情况下V的值。这意味着期权价值函数V的定义域如下：

$$\{(S,t) | 0 \leq S \leq \infty, \quad -\infty < t \leq T\} \tag{5-15}$$

情形一：看涨期权

与热传导方程一样，我们必须确定期权价值 V 沿着边界区域（5-15）运动时的取值。具体来说，令 $V(S,t) = C_E(S,t)$，其中 $C_E(S,t)$ 是一份到期日为 T、执行价格为 E 的看涨期权。

在第 2 章中，介绍了当 $t = T$ 时，$C_E(S,t)$ 的变化情况。根据式（2-1）：

$$C_E(S,T) = \max(S-E, 0)$$

当标的资产价格 $S = 0$ 时，可以合理地认为 $C_E(S,t) = 0$。毕竟，根据价格变化方程，

$$\Delta S = \sigma S \Delta X + \mu S \Delta t \tag{5-16}$$

一旦 $S = 0$，它将始终保持为 0（将 $S = 0$ 代入该表达式的右侧，由于 $\Delta S = 0$，意即价格不再变化，因此价格之后将不再变动，始终为 0）。这给出了第二个边界条件：

$$C_E(0,t) = 0 \tag{5-17}$$

最后我们还须找到 $S \to \infty$ 时的边界条件。可以合理地认为 $C_E(S,t) = S - E$，其中，如果资产价格趋近于无穷大，那么 E 的大小就变得无关紧要了。因此，$C_E(S,t)$ 的价值在本质上就是标的资产的价格 S。但还存在一种令人担忧的情况：当标的价格无限大时，是否有突然崩盘的可能呢？脚注中对这个问题进行了讨论，⊖讨论结果表明，这种担心没有必要。最终给出的边界条件是

$$当 S \to \infty 时，\quad C_E(S,t) \to S \tag{5-18}$$

情形二：看跌期权

对于看跌期权而言，我们仅在资产价格下跌时才能赚钱。因此，由

⊖ 让我们以 $Y = 1/S$ 开始，使用伊藤引理可以推导出 $\Delta Y = -\sigma Y \Delta X + [-\mu Y + \sigma^2 Y]\Delta t$。假设 S 的值非常大（与假定 $Y = 0$ 基本上相同）。在 ΔY 的等式下，如果 $Y = 0$，那么 Y 应该始终保持为 0。反过来，S 始终保持无穷大。

式（2-3）可知，$t=T$时的边界条件为
$$P_E(S,T) = \max(E-S,0) \tag{5-19}$$
类似地，如果资产价格无限上涨，看跌期权就变得毫无用处。因此，
$$当 S\to\infty 时，\quad P_E(S,t) = 0 \tag{5-20}$$

最终，我们还须给出当资产价格降至 0 时的边界条件。在先前的讨论中，我们已经通过在 ΔS 的表达式中代入 $S=0$ 以确定资产价格 S 在之后不会再发生变化，即在到期日时，$P_E(0,T)=E$，当 $t<T$ 时，期权的价值为行权价 E 的现值。

我们使用微分方程来计算行权价 E 的现值：
$$\frac{\mathrm{d}m}{\mathrm{d}t} = rm, \quad m(T) = E$$
式中，$m(t)$ 代表货币。由上式可以得到解为
$$\int_{m(t)}^{E} \frac{1}{s}\mathrm{d}s = r\int_{t}^{T}\mathrm{d}t, \quad m(t) = E\mathrm{e}^{-r(T-t)}$$
由此，可以得到最后的边界条件：
$$P_E(0,t) = E\mathrm{e}^{-r(T-t)} \tag{5-21}$$

从"老朋友"那儿得到的帮助

边界条件 $P_E(0,t)$ [式（5-21）]中包括了行权价 E 的现值，这看上去似乎不太好理解。对此的一种解释来自我们的"老朋友"看跌—看涨平价关系式。
$$P_E(S,t) + S = C_E(S,t) + E\mathrm{e}^{-r(T-t)}$$
通过将 $S=0$，$C_E(0,t)=0$ 代入该表达式，可以得出我们所需的边界值 $P_E(0,t)=E\mathrm{e}^{-r(T-t)}$。在找到 $C_E(S,t)$ 的解之后，借助"看跌—看涨平价关系式"可以得到 $P_E(S,t)$ 的解。

比较

看跌期权和看涨期权的价值的确可以由**同一个**布莱克-斯科尔斯方程决定，只不过它们各自的边界条件不同。热传导方程的不同边界条件会

导致完全不同的解。同理，看涨期权、看跌期权或某种期权组合在不同边界条件下也会产生截然不同的结果。

这些微分方程的解为我们提供了非常有价值的信息：对于任意的时间 t 与资产价格 S，这些解都给出了相应的期权价值。这意味着在进入市场时，你对能得到什么其实已经了然于心了。剩下的内容就是如何求解布莱克-斯科尔斯方程。

5.3 转换为热传导方程

按照目前的方程形式，我们很难给出布莱克-斯科尔斯方程的解。但是，通过使用一种著名的数学处理方法——**换元法**来简化问题，可以将该方程转换为热传导方程的形式。

为了说明换元法在金融数学讨论中的重要性，我们来考察 $\int \cot(x)\,\mathrm{d}x$ 的解法。先将该式重写为 $\int \dfrac{\cos(x)}{\sin(x)}\,\mathrm{d}x$，即可把复杂的分母 $\sin(x)$ 换元为 u。令 $u = \sin(x)$ 得到化简后的表达式 $\int \dfrac{1}{u}\,\mathrm{d}u = \ln(|u|) + C$，因此最终解为 $\ln(|\sin(x)|) + C$。虽然现在可以在网上轻松查到积分表，找到现成的解，但是换元法能帮助我们理解为什么答案中会出现 $\sin(x)$ 项。同样，要理解布莱克-斯科尔斯方程的解中各项的来源，必须理清将原方程转换为形如热传导方程⊖的换元过程。

可以看出，式（5-10）与热传导方程（5-11）具有一定的相似性，这种相似性为我们求解布莱克-斯科尔斯方程提供了一个思路。虽然两者

⊖ 本章所有的热传导方程应指代一类二阶偏微分方程，因热传导方程和布莱克-斯科尔斯方程都是二阶偏微分方程。——译者注

分别为后向抛物型方程与前瞻抛物型偏微分方程，但令自变量 $t = -\tau$ 即可解决该差异。较之更严重的问题是，式（5-10）中存在可变系数 S，而热传导方程为常系数方程。

5.3.1 微分方程快速入门

想要证明用常系数微分方程代替可变系数微分方程的合理性，解的存在与唯一性定理是证明过程中一个重要的数学工具。通过这种方式，我们能够确定哪些微分方程可以求解且具有唯一的解。换言之，这个强大的定理使我们可以放手大干，用任何希望的方式求解。只要某个大胆的猜测结果正好是解，那再大胆也无关紧要。

从一个简单的例子开始：

$$\frac{dy}{dx} = 3y \tag{5-22}$$

如前所述（例如计算货币的现值时），其解为

$$\frac{dy}{y} = 3dx, \quad \ln(y) = 3x + c_1$$

或表示为 $e^{\ln(y)} = e^{3x+c_1} = e^{3x}e^{c_1} = Ce^{3x}$。因为 $e^{\ln(y)} = y$，所以解为 $y = Ce^{3x}$。C 的值由初始条件（Initial Conditions）决定。如果 $y(0) = 5$，则 $5 = y(0) = Ce^{3 \times 0} = C$，所以解为 $y(x) = 5e^{3x}$。

现在考虑一个更复杂的问题：

$$y'' - 5y' + 6y = 0 \tag{5-23}$$

初始条件为 $y(0) = 1$，$y'(0) = 4$。在已知方程仅存在唯一解的情况下，我们可以通过猜测或试错的方法先找到解。

一个确定该以何种猜测作为首选的合理方法是，对于某些 m 的值，可以模仿式（5-22）的解的形式 $y(x) = Ce^{mx}$，假设微分方程的通解满足这一形式。我们现在先暂时忽略 C（它是积分常数），求出 m 的值即可。也就是说，假设 $y = e^{mx}$ 是一个解，则

$$y = e^{mx}, \quad y' = m\,e^{mx}, \quad y'' = m^2 e^{mx}$$

把上式代入式（5-23），得到

$$m^2 e^{mx} - 5m\,e^{mx} + 6\,e^{mx} = e^{mx}[m^2 - 5m + 6] = 0$$

之后，求解微分方程的问题就退化为高中常见的一元二次方程求根问题：

$$m^2 - 5m + 6 = 0, \quad (m-3)(m-2) = 0, \quad m = 2, 3$$

解为

$$y(x) = C_1 e^{3x} + C_2 e^{2x}$$

接下来通过初始条件找出 C_1 和 C_2 的值：

$$1 = y(0) = C_1 e^0 + C_2 e^0 = C_1 + C_2$$

$$4 = y'(0) = 3C_1 e^0 + 2C_2 e^0 = 3C_1 + 2C_2$$

这里有"两个方程、两个未知数"，最终解得 $C_1 = 2$，$C_2 = -1$，所以式（5-23）的答案是 $y(x) = 2\,e^{3x} - e^{2x}$。

现在我们来考虑如何解决可变系数的问题。为了说明如何消除布莱克-斯科尔斯方程中的可变系数 S^2 和 S，考虑下面这个问题的求解：

$$x \frac{dy}{dx} = 3y \tag{5-24}$$

这里我们可以考虑使用换元法，用某个函数 $u(x)$ 来代替可变系数 x。

如果在数学上可行的话，我们希望将式（5-24）转化为式（5-22）的形式。根据链式法则，不管选择什么函数 u，都有

$$\frac{dy}{dx} = \frac{dy}{du}\frac{du}{dx}$$

尽管我们不清楚该怎么选择 $u(x)$，但是如果我们选对了 $u(x)$ 的话，就可以使得

$$x\frac{dy}{dx} = x\left[\frac{dy}{du}\right]\left[\frac{du}{dx}\right] = 3y$$

只要选择的 $u(x)$ 使得 $x\left[\dfrac{du}{dx}\right] = 1$，就有

$$x\left[\frac{du}{dx}\right]\frac{dy}{du} = \frac{dy}{du} = 3y \tag{5-25}$$

与式（5-22）相比完全一致，只是换了一个自变量。所以方程的通解是

$$y = Ce^{3u} \tag{5-26}$$

其中，$x\left[\dfrac{du}{dx}\right] = 1$，即 $\dfrac{du}{dx} = \dfrac{1}{x}$。这意味着 $u(x) = \ln(x)$，所以 $u(x) = \ln(x)$ 是**我们要找的换元方式**！这么一来，式（5-26）变成

$$y = Ce^{3u} = Ce^{3\ln(x)} = Ce^{\ln(x^3)} = Cx^3$$

回到布莱克-斯科尔斯方程，其系数中含有 S^2 和 S，所以我们需要解决形如

$$x^2 y'' - 4xy' + 6y = 0 \tag{5-27}$$

的微分方程。我们的目标是把式（5-27）转化为可以被求解的常系数微分方程式（5-23）的形式。

对于一阶方程，可以令 $u(x) = \ln(x)$，换元结果为

$$\frac{dy}{dx} = \frac{dy}{du}\frac{du}{dx} = \frac{1}{x}\frac{dy}{du} \tag{5-28}$$

对于二阶导数，则有

$$y'' = \frac{d}{dx}\left[\frac{dy}{dx}\right] = \frac{d}{dx}\left[\frac{1}{x}\frac{dy}{du}\right] = -\frac{1}{x^2}\frac{dy}{du} + \frac{1}{x}\frac{d}{dx}\left[\frac{dy}{du}\right] = -\frac{1}{x^2}\frac{dy}{du} + \frac{1}{x}\frac{d}{du}\left[\frac{dy}{du}\right]\frac{du}{dx} \tag{5-29}$$

因为 $\dfrac{du}{dx} = \dfrac{1}{x}$，所以

$$y'' = -\frac{1}{x^2}\frac{dy}{du} + \frac{1}{x^2}\frac{d^2y}{du^2} \tag{5-30}$$

式（5-29）先应用了乘积法则（Product Rule）⊖，最后应用了链式法则。（记住，链式法则为

⊖ 乘积法则，也称乘积定则、莱布尼茨法则，是数学中关于两个函数的积的导数的一个计算法则。——译者注

$$\frac{\mathrm{d}(\ )}{\mathrm{d}x} = \frac{\mathrm{d}(\ )}{\mathrm{d}u}\left[\frac{\mathrm{d}u}{\mathrm{d}x}\right]$$

无论括号中是什么均成立。这里，括号中的项为$\frac{\mathrm{d}y}{\mathrm{d}u}$。）

将y'用式（5-28）代入，y''用式（5-30）代入，可以把式（5-27）转化为

$$x^2\left[-\frac{1}{x^2}\frac{\mathrm{d}y}{\mathrm{d}u} + \frac{1}{x^2}\frac{\mathrm{d}^2y}{\mathrm{d}u^2}\right] - 4x\left[\frac{1}{x}\frac{\mathrm{d}y}{\mathrm{d}u}\right] + 6y = \frac{\mathrm{d}^2y}{\mathrm{d}u^2} - 5\frac{\mathrm{d}y}{\mathrm{d}u} + 6y = 0 \quad (5\text{-}31)$$

太神奇了！除了自变量从x变成了u，式（5-31）和式（5-27）简直一模一样。因为式（5-27）已经被解出，所以式（5-31）的解为

$$y(u) = C_1 \mathrm{e}^{3u} + C_2 \mathrm{e}^{2u}$$

把u再换回x，可得最终结果

$$y(x) = C_1 \mathrm{e}^{3\ln(x)} + C_2 \mathrm{e}^{2\ln(x)} = C_1 \mathrm{e}^{\ln(x^3)} + C_2 \mathrm{e}^{\ln(x^2)} = C_1 x^3 + C_2 x^2$$

5.3.2 消去可变系数

要将布莱克-斯科尔斯方程转换成更简单的表达式，第一步是消除可变系数S，这与微分方程的处理方式相同。

为了找到合适的换元方式$x = x(S)$，回忆一下链式法则

$$\frac{\partial V}{\partial S} = \frac{\partial V}{\partial x}\frac{\mathrm{d}x(S)}{\mathrm{d}S}$$

为了消除$rS\frac{\partial V}{\partial S}$中的$S$，定义

$$\frac{\mathrm{d}x(S)}{\mathrm{d}S} = \frac{1}{S}$$

或

$$x(S) = \ln(S) + \ln(c) = \ln(cS) \quad (5\text{-}32)$$

式中，c是常数，用来简化边界条件。

这样换元可以得到

$$\frac{\partial V}{\partial S}=\frac{1}{S}\frac{\partial V}{\partial x}, \frac{\partial^2 V}{\partial S^2}=\frac{\partial}{\partial S}\frac{1}{S}\frac{\partial V}{\partial x}=\frac{1}{S^2}\left[\frac{\partial^2 V}{\partial x^2}-\frac{\partial V}{\partial x}\right]$$

把这些式子代入布莱克-斯科尔斯方程式（5-8）得到

$$\frac{\partial V}{\partial t}+\frac{\sigma^2}{2}\frac{\partial^2 V}{\partial x^2}+\left(r-\frac{\sigma^2}{2}\right)\frac{\partial V}{\partial x}-rV=0 \tag{5-33}$$

注意这些**系数**：我们可以合理地预测，这些系数项将出现在布莱克-斯科尔斯方程最终的解中。事实也的确如此。

要注意，在换元的同时，边界条件也发生了改变。这里我们的换元函数为 $cS=\mathrm{e}^x$，其中 $c=\dfrac{1}{E}$，可以得到

$$\mathrm{e}^x=\frac{S}{E} \quad 或 \quad x(S)=\ln\left(\frac{S}{E}\right) \tag{5-34}$$

所以 $t=T$ 时的边界条件为

$$C_E(S,T)=\max(S-E,0)=E\max(S/E-1,0)$$

即

$$E\max(\mathrm{e}^x-1,0)$$

为了消除 E，令 $V=Ev$，则方程转化为

$$\frac{\partial v}{\partial t}+\frac{\sigma^2}{2}\frac{\partial^2 v}{\partial x^2}+\left(r-\frac{\sigma^2}{2}\right)\frac{\partial v}{\partial x}-rv=0 \tag{5-35}$$

其初始条件为

$$v(x,T)=\max(\mathrm{e}^x-1,0) \tag{5-36}$$

对于其他边界条件，当 $S\to 0$，$x\to -\infty$ 时，$C_E(0,T)=0$，转化为：当 $x\to -\infty$ 时，$v(x,t)\to 0$。类似地，当 $S\to\infty$ 时，$C_E(S,T)\to S$，转化为：当 $x\to\infty$ 时，$v(x,t)\to S/E=\mathrm{e}^x$。

下一步是消除 $\dfrac{\partial v}{\partial x}$ 和 v 项。⊖但是，这一过程与我们如何理解布莱克-斯

⊖ 标准方法是令 $v(x,\tau)=\mathrm{e}^{ax+b\tau}u(x,t)$，选择 a 和 b 的值来消项。

科尔斯的解并不相关,因此这里不再赘述。

5.4 直觉

讲到这里,我们鼓励读者可以自己推测一下,在布莱克-斯科尔斯方程的解中会出现哪些项。$r - \dfrac{\sigma^2}{2}$ 是一个合理的猜测,因为它在换元的过程中出现了。还有别的猜测吗?其中,一处重要的换元会涉及 $\ln(S/E)$,因此我们认为这一自然对数表达式将在最终的解中起到主导作用,事实也的确如此。总之,磨刀不误砍柴工,即便只花很少的时间来进行猜想,也能帮助我们更好地了解一个领域。

同样值得探索的是,一旦市场发生变化,方程的解是否会随之发生变化?假设市场波动很大,即 σ 值很大,这将如何影响 $C_E(S,t)$ 或 $P_E(S,t)$ 的值?对于 σ 值很小的平稳市场,结果又是怎样?利率 r 也是一个重要的市场变量,r 值的提高或降低将如何影响期权?如果 σ 减小的同时,利率 r 提高会怎么样?

5.5 习题

1. 回到式(5-4),注意到所有含有 $\left(\dfrac{\partial V}{\partial S} - \delta\right) S$ 乘式的项。由此证明如何通过引入对冲比率来消除风险可以使 $\Delta_{\text{market}} \Pi(S,t)$ 中所有 ΔS 项消失。

2. 令 $f(S,t) = 1/S$,采用伊藤引理,$\Delta f(S,t)$ 的表达式是什么?

3. 推导布莱克-斯科尔斯方程的关键步骤是使 $\Delta_{\text{market}} \Pi$ 的值与投资在银行所得相等。这一比较表示了期权相对于市场利率的价值。

(a) 使 $V = C_E$。与其令式（5-6）等于银行利率，不如将其与 $\Pi = P_E(S,t) + \beta S$ 得到的结果进行比较。找到最终的方程。

(b) 找到将 $\Pi = C_E(S,t) + P_E(S,t) - \delta S$ 和投资银行所得比较得出的布莱克-斯科尔斯方程。比较答案并解释差异。

4. 假设 $\Delta S = 4 S^2 \Delta t + 6S\Delta X$，$\Delta X$ 的相关假设如前。首先找到伊藤引理的形式，然后得出相应的布莱克-斯科尔斯方程。

5. 假设 $\Delta S = 5\Delta t + 6 S^2 \Delta X$。首先找到伊藤引理的形式，然后得出相应的布莱克-斯科尔斯方程。

6. 找到 $P_{100}(S,t)$ 的布莱克-斯科尔斯方程的边界条件。注意，这个问题要求你求出当 $S \to \infty$ 时，$P_{100}(S,T)$，$P_{100}(0,t)$，$P_{100}(S,t)$ 的值。

7. 求解下列方程：

(a) $y'' + 2 y' - 3y = 0$，其中 $y(0) = 4$，$y'(0) = 0$。

(b) $2 y'' - y' - 3y = 0$，其中 $y(0) = 6$，$y'(0) = 4$。

(c) $y'' - 3 y' + 2y = 0$，其中 $y(0) = 2$，$y'(0) = 0$。

(d) $x y' + 4y = 0$，$y(1) = 4$。

(e) $x y' - 3y = 0$，$y(2) = \dfrac{1}{2}$。

(f) 解 $x^2 y'' + x y' - y = 0$，其中 $y(1) = 2$，$y'(1) = 0$。

(g) $x^2 y'' - 5x y' + 8y = 0$，其中 $y(1) = 3$，$y'(1) = 8$。

8. 给定方程

$$\frac{\partial V}{\partial \tau} = 2 S^2 \frac{\partial^2 V}{\partial S^2} + S \frac{\partial V}{\partial S} - V$$

求变量 S 到 $x(S)$ 的变换，使这个方程具有常系数。

9. 对布莱克-斯科尔斯方程（在使 $t = -\tau$ 后）进行同样的操作（同第 8 题）：

$$\frac{\partial V}{\partial \tau} = \frac{1}{2}\sigma^2 S^2 \frac{\partial^2 V}{\partial S^2} + rS \frac{\partial V}{\partial S} - rV$$

第6章 布莱克-斯科尔斯的解

▶ 6.1 热传导方程和 $C_E(S,t)$

因为许多关于偏微分方程的导入课程都会求解热传导方程,所以这里没有必要对此进行过多的赘述。相应地,这里我们将重点解释在解中所包含的众多项式背后的含义:它们都反映了当我们在使用换元法将布莱克-斯科尔斯方程转化为热传导方程后,原方程中变量的变化情况。这些被代换的变量在之后也必须在热传导方程的解中被重置,使之转化为布莱克-斯科尔斯方程的解。

基于 $C_E(S,t)$ 边界条件的形式,我们可以合理猜想通解应该呈现以下形式:

$$C_E(S,t) = S \times (\text{modifying terms}) - E e^{-r(T-t)} \times (\text{modifying terms})$$

(6-1)

式中,调整项(modifying terms)代表热传导方程的解。因此,我们需要代入热传导方程的一个解以获得期权价值的表达式。

(对不了解的人来说)令人惊喜的是,一个均值为 0、方差为 2τ 的正态分布的 PDF,

$$u(x,\tau) = \frac{1}{2\sqrt{\pi\tau}} e^{-\frac{x^2}{4\tau}} \qquad (6\text{-}2)$$

能够满足热传导方程(5-11)!这一结论可以通过计算以及比较偏导数进行证明。例如,

$$\frac{\partial u}{\partial \tau} = \frac{1}{2\sqrt{\pi}}\left(-\frac{1}{2}\tau^{-\frac{3}{2}}e^{-\frac{x^2}{4\tau}} + \tau^{-\frac{1}{2}}\frac{x^2}{4\tau^2}e^{-\frac{x^2}{4\tau}}\right)$$

接下来需要计算对 x 的偏导数，我们把这部分推导留给读者。

解的另一种形式是

$$u(x,\tau) = \frac{1}{2\sqrt{\pi\tau}}\int_{-\infty}^{\infty} u_0(s,0)\ e^{-\frac{(s-x)^2}{2\tau}}ds \tag{6-3}$$

式中，$u_0(s,0)$ 表示边界值。在这里，通过运用 $C_E(S,T) = \max(S - E, 0)$ 这一边界条件，我们可以得到式（6-1）的通解形式。更确切地说，基于式（6-3），我们可以合理认为在式（6-1）的调整项中，应当包含形如 $N(x)$ 的积分项（即正态分布的累计密度函数）。

的确，$C_E(S,t)$ 的解为

$$C_E(S,t) = SN(d_1) - Ee^{-r(T-t)}N(d_2) \tag{6-4}$$

其中

$$d_1 = \frac{\ln\left(\frac{S}{E}\right) + \left(r + \frac{\sigma^2}{2}\right)(T-t)}{\sigma\sqrt{T-t}} \tag{6-5}$$

并且

$$d_2 = d_1 - \sigma\sqrt{T-t} = \frac{\ln\left(\frac{S}{E}\right) + \left(r - \frac{\sigma^2}{2}\right)(T-t)}{\sigma\sqrt{T-t}} \tag{6-6}$$

至此，我们终于得到答案啦！事实上，给定参数的具体取值，我们就可以用这个表达式计算出特定看涨期权的各种价格（比如，当标的价格 S 变动时，期权价格如何随之变动），我们甚至可以把期权价格打印出来以应对一天中出现的各种状况。

式（6-4）、式（6-5）和式（6-6）可能看起来过于复杂而令人望而生畏。为了让其更加接地气，接下来我们将解释这个解的含义以及它将如何加深我们对于期权的理解。

6.2 $C_E(S,t)$ 项的来源

我们可以通过分析解的结构来理解 $C_E(S,t)$ 解 [式(6-4)、式(6-5)、式(6-6)] 的含义。根据布莱克-斯科尔斯方程解的公式：

$$C_E(S,t) = S[\text{modifying terms}] - Ee^{-r(T-t)}[\text{modifying terms}]$$

在某个地方——最可能是在调整项中——应该会出现热传导方程解的形式。事实也的确如此，因为调整项由

$$N(d) = \frac{1}{2\sqrt{\pi}}\int_{\infty}^{d} e^{-\frac{x^2}{2}} dx \tag{6-7}$$

给出，它们来自正态分布和热传导方程的解，即式(6-4)中的 $N(d_1)$ 和 $N(d_2)$ 项。

现在，我们来讨论 d_1 和 d_2 的表达式，它们主要由 $\ln(S/E)$ 项决定。如果 $S>E$，则 $\ln(S/E)$ 的值为正（因此，随着 S 值的增加，d_1、d_2 的值与 $N(d_1)$、$N(d_2)$ 都将随之增加）。如果 $S<E$，则 $\ln(S/E)$ 的值为负。与其说这是个意外，不如说 $\ln(S/E)$ 就是解的一部分，因为它 [式(5-34)] 可以消除布莱克-斯科尔斯方程中的可变系数 S 和 S^2。同样地，在对换元后的自变量进行二阶求导时就会出现 $r-\frac{\sigma^2}{2}$ 项 [见式(5-33)]。

式(6-5)、式(6-6)中的分母亦是有意义的。根据定理4，$\sigma\sqrt{T-t}$ 的值和 $\ln(S(t))$ 的标准差相关，因此其作为分母的合理性是不容置疑的。事实上，根据式(4-18)，$N(d)$ 的作用类似于求出 $S(t)$ 的 PDF。因此，正如4.3节中所述，式(6-4)中的调整项和 $S(t)$ 的取值变化相关。

为了理解 d_1 和 d_2 有何作用，注意到它们都包含

$$\ln\left(\frac{S}{E}\right) + r(T-t) = \ln\left(\frac{S}{Ee^{-r(T-t)}}\right) \tag{6-8}$$

这意味着d_1和d_2可以对标的资产的现价 S 与行权价 E 的现值的大小关系进行比较，当然，我们在求解过程中已对这两者之间的关系做出假设了。因此，$C_E(S,t)$的结果最终与市场和资产行为紧密相连，其中，市场波动与资产行为分别由 r 和 $\ln(S)$ 的标准差来反映。

使用式（6-8），d_j的表达式可以写成

$$d_1 = \frac{\ln\left(\dfrac{S}{Ee^{-r(T-t)}}\right)}{\sigma\sqrt{T-t}} + \frac{\sigma}{2}\sqrt{T-t}, \quad d_2 = \frac{\ln\left(\dfrac{S}{Ee^{-r(T-t)}}\right)}{\sigma\sqrt{T-t}} - \frac{\sigma}{2}\sqrt{T-t} \quad (6\text{-}9)$$

与$d_1 - d_2 = \sigma\sqrt{T-t}$的关系一致。

6.3 解释

正如任何新推导的式子一样，我们必须解决 WGAD 的问题。除了给出看涨期权与看跌期权的定价之外（当然，这已经非常有价值了），我们还可以从式（6-4）、式（6-9）中获得其他的什么信息呢？

首先，等式表明了市场效应对看涨期权定价将产生何种影响。例如，当时间 t 临近到期日（即 $T-t \approx 0$）时，d_1和d_2的分母足够小，这意味着d_1和d_2的数值结果主要由分子 $\ln\left(\dfrac{S}{Ee^{-r(T-t)}}\right)$ 的值决定。

进一步说，如果标的资产的现价 S 大于 E 的现值，即 $S(t) > Ee^{-r(T-t)}$，而使得 $\ln(S/Ee^{-r(T-t)}) > 0$（再结合 $T-t \approx 0$），基于以上条件，d_1和d_2的结果将非常大。此时，$N(d_1)$和$N(d_2)$的值就接近于 1，即 $C_E(S,t) \approx S - Ee^{-r(T-t)}$。这个结论很合理，它说明在临近到期日 T 时，$C_E(S,t)$的值接近$C_E(S,T)$的边界条件。

同样地，如果 $S(t) < Ee^{-r(T-t)}$，那么d_1和d_2将取到很大的负值，因此，$N(d_1)$和$N(d_2)$的值接近于 0，从而使得$C_E(S,t) \approx 0$。这也很合理，

因为如果在临近到期日时 S 低于 E 的现值,标的价格 S 不太可能在到期日时高于期权的行权价 E。因此,$C_E(S,t)$ 的值应该接近$C_E(S,T)$ 的边界值,即 0。

式(6-4)和式(6-9)还包含其他的变量,这些变量可以帮助我们培养金融直觉,以判断在波动率(σ)、利率(r)和执行价格(E)发生变化时会发生什么。举个例子,我们可以假设市场波动很小,即 σ 很小时期权的价值会怎样。为了培养大家的直觉,可以考虑 $\sigma \approx 0$ 这种极端情况。

当 σ 很小时,$\sigma\sqrt{T-t}$ 的取值也会很小[式(6-9)],这意味着d_1 和 d_2 的值接近于

$$d_1, d_2 \approx \frac{\ln\left(\dfrac{S}{Ee^{-r(T-t)}}\right)}{\sigma\sqrt{T-t}} \tag{6-10}$$

若 σ 很小,但 $\dfrac{S}{Ee^{-r(T-t)}} > 1$(即 S 超过 E 的现值),那么d_1 和 d_2 的值为正且取值更大。也就是说,如果 $\sigma \to 0$,那么 $d_1 \to \infty$,$d_2 \to \infty$,其使得 $N(d_1)$,$N(d_2) \to 1$。因此,当市场的波动很小但是 S 超过 E 的现值时,预期看涨期权的价值将满足 $C_E(S,t) \approx S - Ee^{-r(T-t)}$。

类似地,当 S 小于 E 的现值时(如 $S < Ee^{-r(T-t)}$),式(6-10)的分子为负。如果市场波动较小,那么当 $\sigma \to 0$ 时,d_1,$d_2 \to -\infty$,因此 $N(d_1)$,$N(d_2) \to 0$,即 $C_E(S,t) \approx 0$。

这些结论都是讲得通的。因为当市场不够活跃时,也不大可能会发生较大的变化。因此,$C_E(S,t)$ 的结果要么反映资产的现价 S 与 E 的现值之间的差异,要么接近于 0,反映 $C_E(S,t) = \max(S_E, 0)$ 中期权价值的下限。

当市场的 σ 较大(即波动率很高)时又会发生什么呢?我们将这个问题留给读者思考。在这个问题中,由于 $N(d_1)$ 不同于 $N(d_2)$,所以会

出现不同的解释。其他的问题可能涉及多个变量的变化，例如，当 $t \to T$ 时，使 $\sigma \to 0$ 会发生什么？对于这些二重极限问题，我们留给感兴趣的读者自行探索。

6.4 习题

1. 不使用 $V - \delta S$ 推导布莱克-斯科尔斯方程，假设我们有理由（实际存在很多）认为 $\Delta_{\text{bank}} = r(V - \delta S)\Delta t + d^* \delta S \Delta t$，其中 d^* 是一个固定的常数。求解新的布莱克-斯科尔斯方程。

2. 求解 $P_E(S, t)$ 的布莱克-斯科尔斯方程。（提示：看涨期权和看跌期权平价）

3. 假设市场波动大，即模型的 $\sigma \to \infty$。

(a) 一份看涨期权的价值为多少？

(b) 一份看跌期权的价值为多少？

(c) 从金融的角度解释上述两个答案。

4. 假设模型的 $\sigma \to 0$，即市场变化不大。

(a) 一份看涨期权的价值为多少？

(b) 一份看跌期权的价值为多少？

(c) 从金融的角度解释上述两个答案。

5. 假设模型的 $S \to \infty$。

(a) 一份看涨期权的价值为多少？

(b) 一份看跌期权的价值为多少？

(c) 从金融的角度解释上述两个答案。

6. 假设模型的 $S \to 0$。

(a) 一份看涨期权的价值为多少？

（b）一份看跌期权的价值为多少？

（c）从金融的角度解释上述两个答案。

7. 假设模型的 $t \to T$。

（a）一份看涨期权的价值为多少？

（b）一份看跌期权的价值为多少？

（c）从金融的角度解释上述两个答案。

8. 假设利率的增长足够大，以至于可以认为模型的 $r \to \infty$。

（a）一份看涨期权的价值为多少？

（b）一份看跌期权的价值为多少？

（c）从金融的角度解释上述两个答案。

9. 在推导一份看涨期权的布莱克-斯科尔斯方程时，我们使用了 Port $= C_E(S,t) - \delta S$ 的组合。现在，使用 $C_E(S,t) - \delta C_E(S^*,t)$ 推导布莱克-斯科尔斯方程，其中 S^* 是另一种资产。

10. 以 $C - \delta S$ 为组合推导出两种商品的布莱克-斯科尔斯方程，其中另一种选择是将钱投资在银行中。

11. 为一个投资组合 $C_E(S,t) - \delta P_E(S,t)$ 找到可以减少风险的 Δ 取值。

12. 在刚刚过去的 10min，一份看涨期权的价值上涨了 0.5 美元，同时商品的价格上涨了 1 美元。请问投资组合应该如何进行调整？（提示：找到 δ 值）

第7章 基于偏导的信息：希腊值

▶ 7.1 $P_E(S,T)$ 的解

参考式（6-1）的形式，结合边界条件 $P_E(S,T) = \max(E-S,0)$，我们可以合理猜测 $P_E(S,T)$ 有以下的表达形式：

$$P_E(S,T) = E\mathrm{e}^{-r(T-t)} \times [\text{modifying terms}] - S \times [\text{modifying terms}]$$

事实的确如此。依靠我们强大的看跌-看涨平价关系式，我们可以立刻求出 $P_E(S,T)$ 确切的解。

上一章的习题 2 已经给出了参考解法，根据看跌-看涨平价关系式，有

$$P_E(S,T) = C_E(S,T) - S + E\mathrm{e}^{-r(T-t)} = E\mathrm{e}^{-r(T-t)}[1-N(d_2)] - S[1-N(d_1)]$$

尽管这个表达式足以满足应用需求（例如上一章的习题），但通过替换 $1-N(d)$ 项，可以得到一个更加清晰简洁的方程。为了化简，注意到

$$1 - N(d) = \frac{1}{\sqrt{2\pi}}\int_{-\infty}^{\infty} \mathrm{e}^{-\frac{x^2}{2}}\mathrm{d}x - \frac{1}{\sqrt{2\pi}}\int_{-\infty}^{d} \mathrm{e}^{-\frac{x^2}{2}}\mathrm{d}x = \frac{1}{\sqrt{2\pi}}\int_{d}^{\infty} \mathrm{e}^{-\frac{x^2}{2}}\mathrm{d}x$$

换元令 $s = -x$，得到

$$1 - N(d) = \frac{1}{\sqrt{2\pi}}\int_{d}^{\infty} \mathrm{e}^{-\frac{x^2}{2}}\mathrm{d}x = \frac{1}{\sqrt{2\pi}}\int_{-\infty}^{-d} \mathrm{e}^{-\frac{s^2}{2}}\mathrm{d}s = N(-d) \quad (7\text{-}1)$$

因此，看跌期权的解可采用更简洁的形式

$$P_E(S,T) = E\mathrm{e}^{-r(T-t)}N(-d_2) - SN(-d_1) \quad (7\text{-}2)$$

7.2 希腊值来啦

能知道某给定时刻的"当前状态是什么"[例如 $C_E(S,T)$、$P_E(S,T)$ 的价值]固然很好,但能够预测"将会如何变化"具有更大的价值。我们已经在上一章的课后习题开始讨论这个问题,但是其中一些问题涉及某些极端情况,例如对变量 S、σ、r 以及 $\tau = T - t$ 的设置可能与实际情况不符。借助数学工具,我们可以通过求解偏导数 $\frac{\partial V}{\partial v}$ 来获得关于期权 V "将会如何变化"的部分信息,其中 v 表示上述某一变量。这种做法之所以成立,是因为偏导数是多元函数在某一方向上的斜率,而斜率的变化暗示着在该方向上将会发生什么。

更准确地说,通过对布莱克-斯科尔斯方程式的解[式(6-4)和式(7-2)]计算对应的偏导数,我们可以得出期权价值对于这些变量的敏感性,即期权价值如何随着这些变量的变化而变化。在这里,WGAD 关注的重点是,我们需要了解 σ、S 或 r 等变量的变化是如何影响 $C_E(S,T)$ 和 $P_E(S,T)$ 的价值,这是使得上述方法可行的前提。例如,随着波动性的增加,$C_E(S,T)$ 应该被立刻出售,还是会在不久的将来变得更有价值?我们对于此类问题的回答有着标准的计算方法。此外,通过运用一些数学技巧,我们最终可以得到相当简单的表达式,其中尤为重要的是表达式中的每一项背后蕴含的直觉。

在下文的示例中,我们只重点讨论看涨期权的偏导数 $\frac{\partial C_E(S,T)}{\partial v}$,这是因为我们可以通过看跌-看涨平价关系式 $P_E(S,T) = C_E(S,T) - S + Ee^{-r(T-t)}$ 迅速得出相应的看跌期权的 $\frac{\partial P_E(S,T)}{\partial v}$ 表达式。例如,因为等式

右边的后两项 S 和 $Ee^{-r(T-t)}$ 中不包括波动项的参数 σ，所以我们可以立即得出 $\dfrac{\partial P_E(S,T)}{\partial v} = \dfrac{\partial C_E(S,T)}{\partial v}$。

我们用希腊字母来代表每一参数所对应的偏导数，我们将这些偏导数统称为"希腊值"。每个参数所对应的偏导数 $\dfrac{\partial V(S,t)}{\partial v}$ 都反映了该参数 v 的市场变化将如何影响期权价值，所以希腊值成为交易员在进行投资组合与风险管理时使用的重要工具。

7.2.1 对冲比率项 δ

作为布莱克-斯科尔斯方程推导的核心，对冲比率参数 δ 反映了期权价值相对于标的资产价格 S 变动的比率，即

$$\delta = \frac{\partial V}{\partial S} \tag{7-3}$$

交易员主要依靠 δ 来实现关于对冲组合 $V(S,T) - \delta S$ 的风险管理，这使 δ 变得尤为重要。回忆一下，此前我们曾利用该表达式来判断对标的资产（或标的股票）应在何种水平上持有多头头寸或空头头寸，最终以确定对冲组合中期权与标的资产的平衡配比关系。

更准确地说，根据泰勒级数，如果只有标的资产价格 S 在变化，则 V 的相应变化为

$$\Delta V \approx \frac{\partial V}{\partial S} \Delta S = \delta \Delta S \tag{7-4}$$

（在该表达式中，Δ 表示某一变量的数值变化，δ 是对冲比率。）因此，如果 $\delta = \dfrac{1}{2}$，这意味着期权价值 V 的变化等于标的资产价格 S 变化的一半。这里有一个投资组合的管理问题：在该例中，我们已经给定了 $\delta = \dfrac{1}{2}$。但是现在如果让你管理一个投资组合，则需要重新计算这个 δ 值。

该怎么算呢？是否存在一个用以计算 δ 的简便表达式？

为了回答这个问题，我们令 $V(S,T) = C_E(S,T)$。为了实现对该期权的风险规避，我们有表达式 $\delta_C = \dfrac{\partial C_E(S,T)}{\partial S}$，其中 δ 的下标代表期权种类。对于 $V(S,T) = P_E(S,T)$，则有 $\delta_P = \dfrac{\partial P_E(S,T)}{\partial S}$。看跌-看涨平价关系式给出了这两种 δ 值之间的关系，即

$$\delta_P = \frac{\partial P_E(S,T)}{\partial S} = \frac{\partial C_E(S,T)}{\partial S} - 1 = \delta_C - 1 \tag{7-5}$$

我们还须找出能实现简便计算 δ_C 的表达式。在此，基于解的形式 $C_E(S,T) = SN(d_1) - Ee^{-r(T-t)}N(d_2)$，我们很容易想当然地认为

$$\delta_C = \frac{\partial C_E(S,T)}{\partial S} = N(d_1) \tag{7-6}$$

虽然结果看起来很诱人，但这可能是错的，毕竟 $N(d_1)$ 和 $N(d_2)$ 也是 S 的函数，所以在计算偏导数的过程中必须对这点加以考虑。

要摆脱这种诱惑带来的谬误，一种方法是使用乘积法则和链式法则（目的是对积分式求导），得到

$$\frac{\partial C_E(S,T)}{\partial S} = N(d_1) + S\frac{\partial N(d_1)}{\partial S} - Ee^{-r(T-t)}\frac{\partial N(d_2)}{\partial S} \tag{7-7}$$

式中，$\dfrac{\partial N(d)}{\partial S} = \dfrac{1}{\sqrt{2\pi}}e^{-\frac{d^2}{2}}\dfrac{\partial d}{\partial S}$。根据式（6-5）、式（6-6），

$$\frac{\partial d_1}{\partial S} = \frac{\partial d_2}{\partial S} = \frac{1}{\sigma\sqrt{T-t}}\left[\frac{1}{S/Ee^{-r(T-t)}}\right]\frac{1}{Ee^{-r(T-t)}} = \frac{1}{S\sigma\sqrt{T-t}}$$

将该信息代入式（7-7）得到

$$\frac{\partial C_E(S,T)}{\partial S} = N(d_1) + \frac{1}{S\sigma\sqrt{2\pi(T-t)}}[Se^{-\frac{d_1^2}{2}} - Ee^{-r(T-t)}e^{-\frac{d_2^2}{2}}] \tag{7-8}$$

真是一团糟！中括号里的项式使得式（7-8）异常复杂，根本无法在计算中使用。幸运的是，可以使用代数关系 $a^2 - b^2 = (a-b)(a+b)$ 来化

简这个复杂的项。为了获得该形式,我们可以从括号中提出因式 $e^{-\frac{d_1^2}{2}}Ee^{-r(T-t)}$,剩下

$$\frac{S}{Ee^{-r(T-t)}} - e^{\frac{d_1^2 - d_2^2}{2}} = \frac{S}{Ee^{-r(T-t)}} - e^{\frac{(d_1+d_2)(d_1-d_2)}{2}} \tag{7-9}$$

式 (6-5)、式 (6-6) 和式 (6-9) 进一步简化了运算过程,由这三式可知

$$d_1 - d_2 = \sigma\sqrt{T-t}$$

$$d_1 + d_2 = 2\frac{\ln\left(\frac{S}{Ee^{-r(T-t)}}\right)}{\sigma\sqrt{T-t}}$$

对其进行乘积化简,结果碰巧异常简洁:

$$d_1^2 - d_2^2 = (d_1 - d_2)(d_1 + d_2) = 2\ln\left(\frac{S}{Ee^{-r(T-t)}}\right)$$

从而有

$$e^{\frac{(d_1+d_2)(d_1-d_2)}{2}} = e^{\ln\left(\frac{S}{Ee^{-r(T-t)}}\right)} = \frac{S}{Ee^{-r(T-t)}} \tag{7-10}$$

我们得到一个熟悉的项式,其将标的资产的现价与 E 的现值进行比较,这意味着式 (7-9) 右侧等于零!这反过来消去了式 (7-8) 中复杂的中括号部分,**剩下的就是我们梦寐以求的式 (7-6)!它是正确的!**

同理,δ_p 的值(通过看跌-看涨平价关系式可以得到)是

$$\delta_p = \frac{\partial P_E(S,T)}{\partial S} = \frac{\partial C_E(S,T)}{\partial S} - 1 = N(d_1) - 1 = -N(-d_1) \tag{7-11}$$

其中最后一步等式由式 (7-1) 得出。这两个表达式都很好记,只要悄悄使用式 (7-6) 给出的简易方法即可快速得到。该方法虽然不正确,但却提供了准确的答案。⊖

⊖ 类似地,对分数 $\frac{16}{64}$ 的分子、分母同时抹掉数字 6 也可以得到正确答案 $\frac{1}{4}$,都只是纯粹的巧合而已。

如何理解式（7-6）和式（7-11）非常重要。对于看涨期权$C_E(S,T)$，相应的对冲组合$C_E(S,T)-\delta_c S$中的对冲比率δ_c具有以下性质：

- 根据式（7-6），δ_c的取值范围为$0<\delta_c<1$，这是合理的。因为δ_c是正数，所以$-\delta_c S$项前的负号代表做空。做空策略通过标的资产价格S的下跌实现获利，而看涨期权则预期S上涨，并以此获利。因此，对两边同时下注即可实现对冲的目的。

式（7-4）中δ_c为正值，意味着S的上涨将提高$C_E(S,T)$的价值；同理，S的下跌会降低$C_E(S,T)$的值。

现在让我们先按下暂停键，思考一下背后的金融学直觉：读者可以忽略数学论证，根据$C_E(S,T)$的性质给出解释。

- 如果$\delta_c \approx 0$，则对冲机会基本消失，因为此时需要$d_1 \approx -\infty$。探索何时会发生情况还是很有趣的。一种可能性是股灾爆发使得$S \to 0$，另一种稍显温和的可能性是S小于E的现值，并且$\sigma\sqrt{T-t} \approx 0$。也就是说，临近到期日时，市场仍然不景气（Flat Market）。如前所述，这种情况会使得$C_E(S,T) \to 0$。

现在让我们先按下暂停键，思考一下背后的金融学直觉：当$\delta_c = 0$时，对冲组合$C_E(S,T)-\delta_c S$无效。请分情况说明这是否合理以及为什么合理。

- 另一个极端是$\delta_c \approx 1$，此时$d_1 \approx \infty$。导致这种情况出现的可能性是，当S值非常大时［由上一章可知此时$C_E(S,T) \approx S$］，市场波动也非常大（σ值很大）。从现实的角度看，也可能是$\sigma\sqrt{T-t}$很小，同时S大于E的现值。

现在让我们先按下暂停键，思考一下背后的金融学直觉：读者可以思考为什么这些情形下对冲组合$C_E(S,T)-S$会受到追捧。如果当$\delta_c \approx 1$时S在上涨，预期$C_E(S,T)$的价值会提高多少？这种情况讲得通吗？

对于看跌期权$P_E(S,T)$而言，对冲组合$P_E(S,T)-\delta_p S$中的对冲比率

δ_P 拥有相反的性质，因为 $\delta_P = -N(-d_1)$ 中的符号方向改变了。

- 对冲比率 δ_P 的取值范围为 $-1 < \delta_P < 0$，δ_P 为负值意味着 $-\delta_P S$ 为正，即应该通过持有标的资产的多头头寸实现对冲。这是合理的：因为看跌期权 $P_E(S,T)$ 在价格下跌时获利，而持有标的资产多头头寸则在价格上涨时实现获利，最终达到对冲目的。

- 尽管该对冲组合在 $\delta_P \approx 0$ 时同样无效，但是与看涨期权的情况相反，此时要求 $-d_1 \approx -\infty$ 或 $d_1 \approx \infty$。这可能反映了较大的市场波动（σ 值很大），或意味着当 $S > E e^{-r(T-t)}$ 时，$\sigma\sqrt{T-t}$ 值很小。

现在让我们先按下暂停键，思考一下背后的金融学直觉：在决定 $P_E(S,T)$ 价值的过程中，这些条件意味着什么？

- 另一种极端情况 $\delta_P \approx -1$ 要求 $-d_1 \approx \infty$，或 $d_1 \approx -\infty$。一种情形是 S 小于 E 的现值且 $\sigma\sqrt{T-t} \approx 0$。例如，在接近到期日时，市场仍然不景气的情形。

现在让我们先按下暂停键，思考一下背后的金融学直觉：在决定 $P_E(S,T)$ 价值的过程中，这些条件意味着什么？S 上涨对 $P_E(S,T)$ 价值有何影响？背后有什么对其合理性的直观解释？

7.2.2 可变的 δ：希腊值 Γ

7.2.1 节的内容旨在培养大家对市场变化预期的直觉，方法是使用偏导数来确定 V 的结果如何随 S 的变化而变化。由于 δ 值是讨论的重点，因此研究 δ 值如何变化就显得尤为重要。

对这个问题的回答实在是千头万绪，就仿佛一罐摔在地上的蠕虫，可以朝不同的方向爬行，其答案取决于我们关心的变量是什么：是对表达式 $\frac{\partial \delta}{\partial \sigma}$ 感兴趣，即市场波动性如何影响对冲比率？还是更关心利率 r，进而需要计算 $\frac{\partial \delta}{\partial r}$？所有这些变量作为对 δ 的影响因素都很重要，但是在

这里我们选择 S 作为求导变量，以研究 δ 如何随着 S 的变化而变化，偏导结果用希腊值"Gamma"表示为

$$\Gamma = \frac{\partial \delta}{\partial S} = \frac{\partial}{\partial S}\left[\frac{\partial V(S,t)}{\partial S}\right] = \frac{\partial^2 V(S,t)}{\partial S^2} \quad (7\text{-}12)$$

根据该表达式，Γ 是 V 的二阶导数或者说是 V 变化的"加速度"。当 $V(S,t) = C_E(S,t)$ 时，式（7-12）变为

$$\Gamma = \frac{\partial \delta_c}{\partial S} = \frac{\partial^2 C_E(S,T)}{\partial S^2} = \frac{\partial N(d_1)}{\partial S} = \frac{1}{\sqrt{2\pi}} e^{-\frac{d_1^2}{2}} \frac{\partial d_1}{\partial S} = \frac{1}{S\sigma}\frac{1}{\sqrt{2\pi(T-t)}} e^{-\frac{d_1^2}{2}} \quad (7\text{-}13)$$

注意这里可能存在的表达歧义。式（7-13）没有下标，我们没有为了强调它是对 δ_c 求二阶偏导而写成 $\Gamma_c = \frac{\partial \delta_c}{\partial S}$。原因很简单：没有必要这样做。[为什么？提示：参考式（7-5）]

所以，$\Delta\delta \approx \Gamma \Delta S$。以 S 作为唯一变量，我们通过泰勒级数来进一步观察这些项，可得

$$\Delta C_E(S,T) \approx \frac{\partial C_E(S,T)}{\partial S}\Delta S + \frac{1}{2}\frac{\partial^2 C_E(S,T)}{\partial S^2}[\Delta S]^2 = \delta_c \Delta S + \frac{1}{2}\Gamma[\Delta S]^2$$

因此，只要知道 δ_c 和 Γ 的值就可以得到对 $\Delta C_E(S,T)$ 更精确的估计。

观察 Γ 的形式，可以立刻得到以下规律：

（1）δ_c 的取值随着 S 的上升而增长（因为 Γ 符号为正），但是增长率［式（7-13）］逐渐变小。

（2）市场波动越大（σ 值越大），Γ 的结果越趋于稳定。

（3）$e^{-\frac{d_1^2}{2}}$ 的值受 S 与 E 的现值差异的影响。因此，当市场波动性较低（较小的 σ 值）且股价接近 E 的现值时，预期 Γ 会产生更大的影响。

7.2.3 伪希腊值——ν

市场每时每刻都在发生着变化，所以理解 σ 的变化会如何影响期权

价值至关重要。我们在7.2节的介绍中抛出了一个问题：看涨期权的价值会随着σ的变化而上升还是下降？下面我们将对这个问题进行解答。

这种变化率由"vega"测度，定义如下：

$$\nu = \frac{\partial V}{\partial \sigma} \tag{7-14}$$

这里有一个小问题：ν是一个希腊字母，读音为"nu"，不是vega。事实上，希腊字母表中没有被称为vega的字母，vega并不是一个希腊字母。另外，可能是因为ν长得非常像"不存在的"vega，所以干脆就将其称为vega吧！

我们还需要确定期权价值如何随波动率的变化而变化。对$V(S,t) = C_E(S,T)$进行计算，得到

$$\nu = \frac{\partial C_E(S,T)}{\partial \sigma} = S\frac{\partial N(d_1)}{\partial \sigma} - Ee^{-r(T-t)}\frac{\partial N(d_2)}{\partial \sigma}$$

其中

$$\frac{\partial N(d)}{\partial \sigma} = \frac{1}{\sqrt{2\pi}}e^{-\frac{d^2}{2}}\frac{\partial d}{\partial \sigma}$$

且

$$\frac{\partial d_1}{\partial \sigma} = -\frac{\ln\left(\frac{S}{Ee^{r(T-t)}}\right)}{\sigma^2\sqrt{T-t}} + \frac{\sqrt{T-t}}{2}, \quad \frac{\partial d_2}{\partial \sigma} = -\frac{\ln\left(\frac{S}{Ee^{r(T-t)}}\right)}{\sigma^2\sqrt{T-t}} - \frac{\sqrt{T-t}}{2}$$

又是一团糟！vega的值是

$$\nu = \frac{\partial C_E(S,T)}{\partial \sigma} = -\frac{C}{\sigma^2}\left[\ln\left(\frac{S}{Ee^{-r(T-t)}}\right)\right]\left[Se^{-\frac{d_1^2}{2}} - Ee^{-r(T-t)}e^{-\frac{d_2^2}{2}}\right] +$$

$$\sqrt{\frac{T-t}{2\pi}}\left[\frac{Se^{-\frac{d_1^2}{2}} + Ee^{-r(T-t)}e^{-\frac{d_2^2}{2}}}{2}\right]$$

$$\tag{7-15}$$

式中，正常数$C = \frac{1}{\sqrt{2\pi(T-t)}}$。前面$\delta_c = N(d_1)$的推导过程可以为这里的

化简提供重要帮助。回忆一下，我们之前已经证明式（7-8）里的中括号项等于0。这与式（7-15）中出现的项相同，因此有

$$\nu = \sqrt{\frac{T-t}{2\pi}} \left[\frac{S\mathrm{e}^{-\frac{d_1^2}{2}} + E\mathrm{e}^{-r(T-t)}\mathrm{e}^{-\frac{d_2^2}{2}}}{2} \right]$$

用同样的方法，先将指数转换成 $a^2 - b^2 = (a+b)(a-b)$ 的形式，再结合式（7-10），

$$\nu = \sqrt{\frac{T-t}{2\pi}} E\mathrm{e}^{-r(T-t)} \mathrm{e}^{-\frac{d_1^2}{2}} \left[\frac{S}{2E\mathrm{e}^{r(T-t)}} + \frac{\mathrm{e}^{\frac{d_1^2-d_2^2}{2}}}{2} \right] = \sqrt{\frac{T-t}{2\pi}} E\mathrm{e}^{-r(T-t)} \mathrm{e}^{-\frac{d_1^2}{2}} \left[\frac{S}{2E\mathrm{e}^{-r(T-t)}} + \frac{S}{2E\mathrm{e}^{-r(T-t)}} \right]$$

$$= S\sqrt{\frac{T-t}{2\pi}} \mathrm{e}^{-\frac{d_1^2}{2}}$$

(7-16)

最终的表达式非常简洁明了！

这个伪希腊值在金融领域意义重大，甚至值得我们把它的表达式重写一遍：

$$\nu = \frac{\partial C_E(S,T)}{\partial \sigma} = S\sqrt{\frac{T-t}{2\pi}} \mathrm{e}^{-\frac{d_1^2}{2}} \quad (7\text{-}17)$$

即使 vega 反映的是 $C_E(S,T)$ 和 $P_E(S,T)$ 如何随市场波动而变化，但 σ 发挥的明确作用被隐藏在了 d_1^2 项中。然而，与之前的分析类似，我们可以将 S 和 σ 的取值对 vega 的影响从中分离出来。总之，如果我们只对 σ 的变化感兴趣，

$$\Delta C_E(S,T) = \nu \Delta \sigma \quad (7\text{-}18)$$

那么我们可以从式（7-18）中学到的东西包括：

（1）波动率增大导致期权价格随之上涨。

（2）价格涨幅取决于 ν 的大小。例如，距到期日越远（即 $T-t$ 值越大），期权价格的涨幅就越大。同样，ν 取决于 S：S 越大，ν 就越大。

7.2.4 其他希腊值

我们已经明确了求值的方法：要确定期权的价值如何随市场变化而

(局部）变化，只需对相关变量求其偏导数即可。求导过程涉及一些标准项，这确保了计算过程总体上是简单的，但有时结果也会过于复杂。求解其他希腊值的意义在于，我们可以对表达式进行分析，看看它们是如何解释期权价值变化的。

其他一些希腊值如下：

- 我们知道，随着到期日临近，期权能够朝着我们所期望方向变化的可能性逐渐消失。这一性质由希腊值 "Theta" Θ 来表示。它衡量了随着时间向到期日推移，即 $\tau = T - t$ 减小时，期权价值的变化。即

$$\Theta = \frac{\partial V}{\partial t} = -\frac{\partial V}{\partial \tau} \tag{7-19}$$

因此，Θ 衡量了期权随着到期日的临近而失去价值的速度，通常以 "天" 为单位。

- 在推导布莱克-斯科尔斯方程的过程中，我们将给定股票的收益与其他投资机会进行了比较。在这一比较中，利率的作用尤为重要，因此必须关注 r 的影响。希腊值 "Rho" ρ 衡量了期权价值如何随利率变化而变化：

$$\rho = \frac{\partial V}{\partial r} \tag{7-20}$$

- Vanna 是另一个伪希腊值；它衡量 δ 随波动性的变化。之所以将之命名为 "Vanna"，或许是因为人们想要借此掌握命运之轮㊀。因此，对于 V，

$$\text{Vanna} = \frac{\partial \delta}{\partial \sigma} = \frac{\partial}{\partial \sigma}\left[\frac{\partial V(S,t)}{\partial S}\right] = \frac{\partial^2 V(S,t)}{\partial \sigma \partial S} \tag{7-21}$$

㊀ "命运之轮（Wheel of Fortune）" 是一档可以赢得现金和奖品的美国知名的电视游戏节目，Vanna Marie White（瓦娜·玛丽·怀特）自 1982 年以来一直担任该档节目的主持人。——译者注

换言之，尽管 Vanna 计算的是 δ 的偏导数，它实际上是二阶混合偏导数 $\dfrac{\partial^2 V(S,t)}{\partial\sigma\partial S}$。

- 除 Vanna 外，了解 δ 相对于其他变量的变化也很重要。

要继续探索下去是很容易的。比如，ρ 如何随价格变化而变化？Vanna 如何随利率变化？（这涉及 V 的三阶导数。）然而，探索的内容取决于你需要完成的工作。

举例来说，假设 S 和 σ 都在变化，为了进行预测，你所需要的 $\Delta C_E(S,t)$ 的估计值得比我们之前对其的估计更加准确。自然而然，我们联想到通过运用泰勒级数即可得到

$$\Delta C_E \approx \frac{\partial C_E}{\partial S}\Delta S + \frac{\partial C_E}{\partial \sigma}\Delta\sigma + \frac{1}{2}\frac{\partial^2 C_E}{\partial S^2}(\Delta S)^2 + \frac{\partial^2 C_E}{\partial S\partial\sigma}\Delta S\Delta\sigma + \frac{1}{2}\frac{\partial^2 C_E}{\partial \sigma^2}(\Delta\sigma)^2$$

借助希腊值，该式可以转化为

$$\Delta C_E \approx \delta\Delta S + \nu\Delta\sigma + \frac{1}{2}\Gamma(\Delta S)^2 + \mathrm{Vanna}\Delta S\Delta\sigma + \frac{1}{2}TBD(\Delta\sigma)^2$$

式中，TBD（To Be Determined，意为待定）等于 $\dfrac{\partial^2 C_E}{\partial \sigma^2}$。因为 $\dfrac{\partial^2 C_E}{\partial \sigma^2} = \dfrac{\partial}{\partial\sigma}\left[\dfrac{\partial C_E}{\partial\sigma}\right] = \dfrac{\partial\nu}{\partial\sigma}$，所以不难得到 $TBD = \dfrac{\partial\nu}{\partial\sigma}$。

无论你需要的是什么，得到它的方法如上所述：求出其对应的偏导数。

7.3 习题

1. 第一道题是算出看涨期权 $C_E(S,t)$ 的各种偏导数，以便更好地了解变量的变化如何影响其价值。

(a) 计算 $\dfrac{\partial C_E(S,t)}{\partial r}$。当 r 上升时这个偏导数的意义是什么？r 下降呢？

(b) 计算 $\dfrac{\partial C_E(S,t)}{\partial \sigma}$。当 σ 增大（即市场波动变大）时这个偏导数的意义是什么？σ 减小（即市场平静下来）呢？

(c) 计算 $\dfrac{\partial C_E(S,t)}{\partial t}$。

2. 这道题与上题类似，只是现在考虑看跌期权 $P_E(S,t)$。

(a) 计算 $\dfrac{\partial P_E(S,t)}{\partial S}$。当 S 价值上升时这个偏导数的意义是什么？价值下降呢？

(b) 计算 $\dfrac{\partial P_E(S,t)}{\partial r}$。当 r 上升时这个偏导数的意义是什么？r 下降呢？

(c) 计算 $\dfrac{\partial P_E(S,t)}{\partial \sigma}$。当 σ 增大（即市场波动变大）时这个偏导数的意义是什么？σ 减小（即市场平静下来）呢？

(d) 计算 $\dfrac{\partial P_E(S,t)}{\partial t}$。

3. 除了直接计算，另一种可以快速得到 $P_E(S,t)$ 偏导数的方法是利用看跌-看涨平价关系式。请使用这种方法，找到上述所有关于 $C_E(S,t)$ 和 $P_E(S,t)$ 的偏导数之间的关系。

4. 假设 δ_p 的值接近于 -1，那么 δ_c 的值会怎么样？

5. 式（7-15）计算了看涨期权 $C_E(S,t)$ 的 vega 值。那么对于看跌期权 $P_E(S,t)$ 结果如何呢？

6. 令 Γ_c 等于 $\dfrac{\partial \delta_c}{\partial S}$。那么 Γ_p 的值呢？怎样借助式（7-5）进行计算？

7. 假设 $\delta_c = 0.6$,$\Gamma = 2$,$\Delta S = \dfrac{1}{2}$。求出 $\Delta C_E(S,t)$ 的估计值。

8. 假设我们只对两个变量感兴趣:S 和 σ。写下 $\Delta C_E(S,t)$ 的二阶泰勒级数逼近。对于各个偏导数,请使用适当的希腊值代替。其中有一项需要起个名字并计算,这一项是什么?它的值是多少?(设置本题的目的是对本章最后几段进行评论。)

9. 对于给定的 $S = 100$,当执行价格 E 从 50 变到 150 时,分别画出 δ_c 在 $T-t$ 较小和 $T-t$ 较大时的图像。

第 8 章　图解美式期权

尽管我们已经对 $C_E(S,t)$ 和 $P_E(S,t)$ 进行了诸多分析和描述,但是难免仍有遗漏。就像"月亮在白雪皑皑的群山中的湖面上闪耀"的描述并不能取代真实的照片一般,我们还需要画出这些期权的图解。因此,接下来我们将介绍如何绘制期权的图解。其中更有意义的是,该方法可以用来绘制我们的"新朋友"——希腊值,以帮助我们更好地理解它们的作用。[⊖]

正如我们所希望的一样,绘出这些图解能给我们带来意外之喜,从而加深我们对期权的理解。但是,首先我们得把它们画出来。

▶ 8.1　利用 δ_C 和 δ_P 绘制 $C_E(S,t)$ 和 $P_E(S,t)$

曲线的斜率可以帮助我们画出 $y = V(S,t)$ 的图解。其中,斜率由 $\delta = \dfrac{\partial V(S,t)}{\partial S}$ 给出。换言之,此前关于 δ 性质的讨论可以帮助我们绘制 $y = C_E(S,t)$ 和 $y = P_E(S,t)$ 的曲线。画图方法遵循标准的微积分课程内容:寻找恰当的渐近线。

8.1.1　绘制 $C_E(S,t)$

为了绘制 $C_E(S,t)$,我们可以先绘出曲线 $C_E(S,T) = \max(S-E,0)$,

⊖ 眨眼之间,绘图软件便可以完成这些图解的绘制。但是,为了理解期权的性质和其背后的机会,我们需要超越图表本身理解**为什么**它们拥有某些特性。通过懂得如何画出这些图解,我们可以实现这个目标。

该曲线描述了C_E在到期日的价值,并以其作为参考线从而绘出$C_E(S,t)$。如图8-1a所示,这条曲线在$S=E$之前一直与S轴重合,在$S=E$之后,以斜率为1的实线延伸至无穷。这条线和第二条参考线$y=\max(S-Ee^{-r(T-t)},0)$的主要差异在于,第二条参考线在S轴上的截距更小,为$Ee^{-r(T-t)}$。第二条参考线与S轴重合直至该截距点,然后变成斜率为1的虚线。

根据微积分的相关知识,我们可以先判断曲线$y=C_E(S,t)$在$S\to 0$和$S\to\infty$时的渐进特征,再得到该曲线的具体性质。首先,前面的计算表明如果$S\to 0$,则$C_E(S,t)\to 0$,d_1,$d_2\to -\infty$。d_1的值使得$\delta_C=N(d_1)\to 0$。因此,当$S\to 0$时$[C_E(S,t)\to 0]$,该曲线的斜率趋近于0。

类似地,当$S\to\infty$时,d_1,$d_2\to\infty$,进而有$N(d_1)$,$N(d_2)\to 1$。根据式(6-5)、式(6-6),$C_E(S,t)$逼近以虚线表示的参考线$y=S-Ee^{-r(T-t)}$,但是永远不会与之重合。(记住,$\delta_C<1$。)$C_E(S,t)$越靠近虚线,$\delta_C=N(d_1)$越接近于1。

在两个极端情况之间,$\delta_C>0$,该条件保证期权的价值曲线与标的资产的价格同向运动,使得曲线不会超出两条边界参考线。此外,我们还需要找到一个中间点。一个自然的选择是令现货价格达到E的现值,即$S=Ee^{-r(T-t)}$时。之所以选择这个点,是因为我们可以借此很容易地确定虚线和S轴的交点,此外也来自一种数学直觉。选择该点之后,我们可以得到$\ln\left(\dfrac{S}{Ee^{-r(T-t)}}\right)=0$,所以式(6-9)可以写成

$$d_1^*=\frac{\sigma}{2}\sqrt{T-t},\quad d_2^*=-\frac{\sigma}{2}\sqrt{T-t} \tag{8-1}$$

则$N(d_1^*)=N\left(\dfrac{\sigma}{2}\sqrt{T-t}\right)>\dfrac{1}{2}$,因为$-d_1^*=d_2^*$,所以$N(d_2^*)=1-N(d_1^*)<\dfrac{1}{2}$。因此,该点曲线的高度为

$$C_E(Ee^{-r(T-t)},t) = Ee^{-r(T-t)}[N(d_1^*) - N(d_2^*)] = Ee^{-r(T-t)}[N(d_1^*) - N(d_2^*)]$$
(8-2)

其中，斜率 $\delta_C = N(d_1^*)$。

曲线的高度以及中间点斜率的大小取决于 $\frac{\sigma}{2}\sqrt{T-t}$ 的值。这个值越小（如靠近到期日或市场波动小），则 $N(d_1) \approx \frac{1}{2}$。这个值越大（如市场波动大），则 $N(d_1)$ 的值越大。利用这个信息，我们可以画出曲线 $y = C_E(S,t)$ 的图解，如图 8-1b 所示。

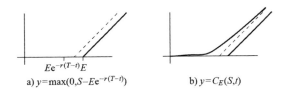

a) $y = \max(0, S - Ee^{-r(T-t)})$　　b) $y = C_E(S,t)$

图 8-1　绘制 $C_E(S,t)$

8.1.2　绘制 $P_E(S,t)$

使用同样的方法可以画出曲线

$$y = P_E(S,t) = Ee^{-r(T-t)}N(-d_2) - SN(-d_1)$$

的图解，即找到两条参考线作为参照、两种渐进情况和一个中间点，然后综合以上所有要素，绘制出所需曲线。

第一条参考线描述的是在到期日当天会发生什么，其中 $P_E(S,T) = \max(E-S, 0)$。如图 8-2a 所示，它是实线 $y = E-S$ 的正数部分，该实线在横轴的截距为 $S = E$，斜率为 -1。第二条参考线是图 8-2a 中的虚线，即曲线 $y = \max(Ee^{-r(T-t)} - S, 0)$。和图 8-1a 相同，虚线在 S 轴的截距为 $Ee^{-r(T-t)}$，小于 E。由于该虚线的斜率为 -1，所以它和 y 轴的交点为 $y = Ee^{-r(T-r)}$。

就第一条渐近线而言，当 $S\to\infty$ 时，d_1，$d_2\to\infty$，这使得 $P_E(S,t)\to 0$，曲线的斜率为 $\delta = -N(-d_1)$。当 S 的值较大时，斜率接近于 0。所以，当 $S\to\infty$ 时，曲线 $y=P_E(S,t)$ 趋于平坦并逐渐靠近 S 轴。

另一条渐近线为 $S\to 0$，因此 d_1，$d_2\to -\infty$ 或者 $-d_1$，$-d_2\to\infty$，且 $N(d_1)$，$N(d_2)\to 1$。所以，

当 $S\to 0$ 时，$P_E(S,t)\to Ee^{-r(T-t)}$

曲线的左极限点为 $(0, Ee^{-r(T-t)})$，即虚线和 y 轴的交点。远离极限点时，斜率（由 $\delta = -N(-d_1)$ 给定）满足 $\delta > -1$。因此，尽管当 $S\to 0$ 时曲线 $y=P_E(S,t)$ 靠近参考线 $y=\max(Ee^{-r(T-t)}-S, 0)$，但它总是在虚线的右边并且永远不会与虚线重合。

和之前的原因相同，我们选择 $S=Ee^{-r(T-t)}$ 作为图 8-1b 的中间点。选择它作为中间点的好处在于可以将 d_1^*，d_2^* 的值计算出来［式（8-1）］！因此，曲线在该点的高度为 $P_E(Ee^{-r(T-t)}, t) = Ee^{-r(T-t)}[N(-d_2^*) - N(-d_1^*)]$。但是因为 $-d_1^* = d_2^*$，所以下式

$$P_E(Ee^{-r(T-t)}, t) = Ee^{-r(T-t)}[N(d_1^*) - N(d_2^*)]$$

的结果和式（8-2）的值相同，均为 $Ee^{-r(T-t)}(2N(d_1^*)-1)$。但是两者的斜率不同：根据看跌-看涨平价关系式，其斜率为 $\dfrac{\partial P_E(Ee^{-r(T-t)}, t)}{\partial S} = -N(-d_1^*) = \dfrac{\partial C_E(Ee^{-r(T-t)}, t)}{\partial S} - 1 = N(d_1^*) - 1$。因此，我们可以画出图 8-2b。

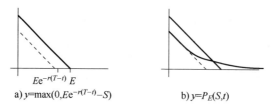

a) $y=\max(0, Ee^{-r(T-t)}-S)$ b) $y=P_E(S,t)$

图 8-2 绘制 $P_E(S,T)$

8.1.3 曲线对比

根据上述计算，我们可以观察得到：

（1）两条曲线的结构，即 $y_C = C_E(S,t)$ 从横轴上的 0 趋向于无穷，而 $y_P = P_E(S,t)$ 从 $(0, Ee^{-r(T-t)})$ 趋向于横轴，决定了它们必然会相交于一点。由计算可得，曲线 $C_E(S,t)$ 和 $P_E(S,t)$ 正好相交于 $S = Ee^{-r(T-t)}$，此时 S 等于 E 的现值。

（2）图 8-1b 中 $y_C = C_E(S,t)$ 的图解证明了曲线始终不会与参考线 $y = \max(E-S,0)$ 重合。

（3）与之相对，当 $t<T$ 时，曲线 $y_P = P_E(S,t)$ 必然穿过直线 $y = \max(E-S,0)$。如下一节所示，该差异意义重大。

（4）根据看跌-看涨平价关系式，对于每一个 S 值，两条曲线的斜率满足 $\dfrac{\partial P_E(S,t)}{\partial S} = \dfrac{\partial C_E(S,t)}{\partial S} - 1$。这个关系的成立反映了一个很有用的等式：$-N(-d) = N(d) - 1$。

8.2 套利和美式期权

还有一个必须提出的问题是：在这些曲线之中，是否隐藏着一些获利的机会呢？为了使对该问题的讨论更加有趣，我们可以在使用期权的过程中加入"行权时间的灵活性"这一设定。在此之前，我们可以先暂停一会儿，思考一下背后的金融直觉：增加"行权时间的灵活性"对期权的价值（如看跌期权或看涨期权）有何影响呢？

当然，如果增加某一设定对期权没有任何裨益，我们也不会考虑将其引入对于期权的标准化合约要求之中。反过来，这表明：

（1）如果期权的价值有所增加，那么引入该新设定就有利可图。

（2）如何判断期权的价值是否增加？方法之一是判断规则的转变是否提供了套利机会。

我们以**美式期权**（American Option）作为具体例子加以说明。这种期权可以在到期日及到期日前的任意时间行权。虽然这是规则允许的，但是在周日凌晨3：25叫醒一个还没醒酒的人，然后在之后的5分钟内让对方行使看跌期权，这显然不太人道。但即便如此，美式看跌期权的行权也比欧式看跌期权更加灵活。

事实果真如此吗？美式看跌期权真的更有价值吗？这些新增优势听起来天花乱坠，它们会不会只是异想天开呢？就像是在说，如果一头貔貅闯进你家，就保证你的收入会翻倍一样。实际上，我们需要决定的是，引入这个新设定是否的确有利可图，如果的确如此，那么它何时能够实现以及怎样实现优势呢？为了锐化读者对套利的"敏感器"，请观察图8-2b，然后确定如果一份欧式看跌期权突然变为美式看跌期权，是否存在任何可以利用的（套利）机会。

8.2.1 看跌期权的简单几何

在回答提出的问题前，考虑与图8-3a中斜率为 -1 的直线相关的一些基本几何知识。我们关注的是边长为 p_1、斜边的斜率为 -1，且与 x 轴的交点为 $x=e_1$ 的等腰三角形。如果 s_1 是原点到三角形直角顶点的距离，那么，如 x 轴所示，$s_1+p_1=e_1$。

利用三角形的相关知识，另一种表达等式 $s_1+p_1=e_1$ 的方法是沿着 x 轴至 $x=s_1$，然后急左转，在 y 轴方向移动 p_1 个单位，直至与斜线相交。因为这条直线的表达式为 $y=e_1-x$，所以在 $x=s_1$ 时，$p_1=e_1-s_1$，即为上述的 $e_1=s_1+p_1$。一个显而易见的结论是，用 p_1^* 代替 p_1，如果 $p_1^*<p_1$（所以在 y 方向，p^* 低于 p），则 $s_1+p_1^*<e_1$。

好吧，如果非要证明上述内容和金融相关，强有力的证据之一就是它们被囊括在一本关于金融学的书中。要理解这一点，请注意图 8-3b，欧式看跌期权的成本最终必须**低于**直线 $y = \max(E - S, 0)$！为了讨论可能的情况，考虑一支当前价格为 S_1 的股票，如图 8-3b 所示。在这个价格，看跌期权的价值为 $P_E(S_1, t)$，低于曲线 $y = E - S$。出于和 $s_1 + p_1^* < e_1$ 相同的原因，可以得到

$$S_1 + P_E(S_1, t) < E \tag{8-3}$$

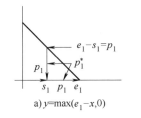
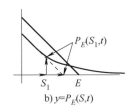

a) $y = \max(e_1 - x, 0)$ 　　b) $y = P_E(S, t)$

图 8-3　美式看跌期权

在金融领域中出现任何不等式时，我们都要对其加以检验以确定是否存在套利机会。记住，套利的关键在于

低买，高卖！

基于"高卖"，我们主要关注看跌期权的作用，即它允许以指定的执行价格 E 美元卖出物品。

为了判断是否有"低买"的机会以行使美式看跌期权，我们需要两样东西：

（1）一份等待行使的看跌期权 $P_E(S_1, t)$。

（2）待卖的股票。

想要配置上述资产组合，我们得先以 $P_E(S_1, t)$ 美元买入看跌期权并且以 S_1 美元买入股票。式（8-3）的左边即代表着我们的总支出。因为"低买"的成本低于 E 美元的回报，所以立即行使看跌期权，即卖出股票，实现收入 E 美元。式（8-3）中，不等式两边的差额 $E - [S_1 + P_E(S_1, t)]$，即表示套利的利润！更准确地说，

不论什么时候，只要一份美式看跌期权$P_E(S_1,t)$的成本在直线$y = E - S$之下，就存在套利机会！

为了用数字进行说明，假设卡特丽娜（Katrina）拥有一份价值$P_{100}(60,t) = 30$美元的美式看跌期权。即该期权的执行价格为100美元，标的资产现价为$S = 60$美元，购入该期权的成本为30美元。买入一份看跌期权以及股票的成本是30美元+60美元=90美元，即式（8-3）左边的部分，执行价格是100美元，即式（8-3）右边的部分。因为90 < 100，所以卡特丽娜有"低买高卖"的机会，这说明

- 卡特丽娜应该以30美元购买看跌期权$P_{100}(60,t)$。
- 她应该以60美元购入股票。目前，她已经花了90美元的成本购入看跌期权和股票。
- 行使看跌期权。也就是说，卡特丽娜应该以行权价100美元卖出所持资产组合。
- 现在她就可以享受稳得的套利利润：100美元 – 90美元 = 10美元。

培养直觉的中场休息：不论什么时候，美式看跌期权$P_E(S,t)$的成本低于直线$y = E - S$，**就存在套利机会！** 如果$P_E(S,t)$高于该线或者在线上时，是否仍然存在任何机会呢？类似图8-3a的分析，或者一个"高买低卖"故事可以对此给出答案。

8.2.2 利用看涨期权套利

如果我们讨论的是看涨期权，情况又会怎么样呢？为了实现低买高卖，第一步就是确定应该买什么和卖什么。不管怎样，美式看涨期权都可以以$C_E(S,t)$美元的成本买到。行使看涨期权要求以E美元的成本购入股票。

当前的购物清单上有：现价为S美元的持有待售商品如果有低买高

卖的机会，套利最大化可以表达为下式：

$$C_E(S,t) + E < S$$

等价于

$$C_E(S,t) < S - E \tag{8-4}$$

从套利的角度出发，式（8-4）要求看涨期权的成本$C_E(S,t)$美元低于直线$y = S - E$。

我们可以用另一种几何方法来说明。将图 8-3a 的几何图形转换为图 8-4a 中的图形，其中直线$y = \max(x - e_2, 0)$。在该图中，e_2表示位于x轴的第一个部分，c_2为从e_2到s_2的部分。同样，该图形展示了$e_2 + c_2 = s_2$。

为了将这个等式转换为直线$y = x - e_2$的性质，我们先在x轴移动至s_2，然后向左急转，再向上移动c_2个单位。此时，我们在$c_2 = s_2 - e_2$处与$y = x - e_2$相交，这和表达式$s_2 = c_2 + e_2$相同。用更小的c_2^*替代c_2，c_2^*在$x = s_2$处低于直线$y = x - e_2$，证明$e_2 + c_2^* < s_2$。"$s_2 - (e_2 + c_2^*)$"的值表示为图 8-4a x轴上e_2和c_2^*之间的间隔。

现在，将讨论拓展到看涨期权：一旦美式$C_E(S,t)$的价值曲线低于直线$y = S - E$，那么，如图 8-4b 所示［由式（8-4）计算］，图 8-4a 的几何图形的结论在此也适用。

这里存在一个问题：就像在图 8-2 中所计算的一样，看涨期权不可能（如果$t < T$）与直线$y = S - E$相交，所以不可能低于它。因此，这里的讨论就像是"遇上了貔貅"一样——天马行空却没有实际价值。但是事实上，情况并非如此。在下一章我们可以看到，这个讨论的价值在于，其可以通过加入更多具体细节（如考虑股息和其他设定），形如式（8-4）的不等式可能会成立，进而存在套利的可能！

用数字加以说明，假设$C_{60}(80,t) = 10$，其中执行价格为 60 美元，标的资产当前的价值为 80 美元，看涨期权当前的价格为 10 美元。现在的问题是要确定这种"美式期权"的设置（即可以在任何时候行使看涨期权）是否提供了个人套利的机会。

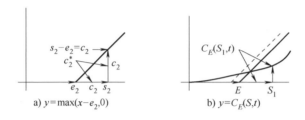

图 8-4 美式看涨期权

对"低买高卖"套利机制的表述如下：

- 以 10 美元买入看涨期权 $C_{60}(80,t)$。
- 立即行使合同从而以 60 美元的执行价格买入标的资产。目前，购买的总成本，即看涨期权和标的资产的成本，是 70 美元。
- 以当前价格 80 美元立即卖出标的资产。
- 享受稳得套利利润 80 美元 − 70 美元 = 10 美元。

如何亏钱

为了理解美式期权一般的行权行为，假设 $P_{100}(60,t)=45$ 美元。为了探讨是否存在套利机会，考虑如果模仿上述活动会发生什么：

- 以 45 美元买入期权。
- 以 60 美元购买资产，资产和看跌期权总共以 105 美元买入。
- 以执行价格 100 美元卖出资产行使看跌期权。
- 获得确定的损失 100 美元 − 105 美元 = −5 美元！！

显然，这里存在的问题是

$$P_{100}(60,t)=45>E-S=100-60$$

总之，如果 $P_E(S,t)$ 高于或者在直线 $y=E-S$ 上，就别指望还有套利机会了。

类似地，如果 $C_{60}(80,t)=25$ 美元，一次失败的套利尝试将会是：

- 以 25 美元买入 $C_{60}(80,t)$。

- 为了以 60 美元的行权价购买资产而立即行使合同。目前，看跌期权和资产的总成本为 85 美元。
- 以当前价格 80 美元立即卖出资产。
- 获得确定的损失 80 美元 – 85 美元 = –5 美元。

这里存在问题是

$$C_{60}(80,t) = 25 > S - E = 80 - 60 = 20$$

因此，如果 $C_E(S,t)$ 高于或者在直线 $y = S - E$ 上，就不再存在套利机会。

8.2.3 新规则：美式期权

由于引入了行权时间的灵活性，美式期权与欧式期权有所不同，它的行权时间不一定要在 $t = T$。基于美式期权所提供的额外行权机会，我们有理由认为美式期权的价值和成本高于欧式期权。事实的确如此。

我们可以通过套利的例子来理解美式期权所增加的价值何在：在看涨期权的例子中，一个理性投资者不会给看涨期权定价 $C_{60}(80,t) < 80 - 60 = 20$。因为这样定价其实是在为他人提供套利的机会并邀请大家来剥削自己。此时，套利作为一种市场压力，将会使得期权的价格至少升高至 $C_{60}(80,t) = 20$。也就是说，对于美式看涨期权而言，

$$C_E(S,t) \geq S - E \tag{8-5}$$

同样地，我们也可以据此来说明以看跌期权套利的例子。把看跌期权的价格定为 $P_{100}(60,t) < 100 - 60 = 40$ 也是在邀请其他市场参与者来剥削自己。这意味着美式 $P_{100}(60,t)$ 的价格至少是 100 美元 – 60 美元 = 40 美元。也就是说，对于美式看跌期权而言，

$$P_E(S,t) \geq E - S \tag{8-6}$$

这两个例子所强调的重点在于，若看跌期权 $P_E(S,t) \geq E - S$ 或者看涨期权 $C_E(S,t) \geq S - E$，则不存在来自套利的市场压力。此时，控制期

权定价的将会是传统的市场竞争。

为了画出美式看跌期权的图解，可以按照以下方式调整欧式看跌期权的图解：

- 如果欧式看跌期权的图解高于直线 $E-S$，那么这部分图解同样也是美式看跌期权的价值曲线。也就是说，此时美式和欧式看跌期权的价值都服从于布莱克-斯科尔斯方程所反映的市场压力。
- 一旦欧式看跌期权的图解与直线 $E-S$ 相交并在之后开始走低，美式看跌期权的图解将随着 S 值的下降而沿着直线 $E-S$ 移动。
- 美式看跌期权的图解上存在一个尖角，这是由于将欧式看跌期权的图解弯折到了直线 $E-S$ 上。事实上，它应该是一个由于市场套利行为而形成的平滑的弯折（前文的情景假设在这里发挥了作用）。我们可以通过变分方程来模拟美式期权，从而使以上分析在数学意义上更加精确。不过，尽管这些内容都很有趣，但是它们超出了本书的范畴。

对于美式看涨期权的图解也可以进行类似的绘制，我们将它留给读者。

8.3 习题

1. 该练习涉及欧式期权的跨式组合，当 $t<T$ 时，$\Pi = P_E(S,t) + C_E(S,t)$。

(a) 找到 Π 的临界点 S 的值。

(b) 证明当 S 大于此临界点时，S 的斜率增加，而 S 小于此临界点时，斜率减小，即临界点 S 的值最小。

(c) 画出 Π 的图解。

(d) 假设这是美式期权，画出 Π 的图解。

2. 根据 $y = C_E(S,t)$ 和 $y = P_E(S,t)$ 的图解，可以发现在 $S = Ee^{-r(T-t)}$ 时二者的值相等。利用看跌-看涨平价关系式推导出这个结论。

3. 画出当 $t < T$ 时，欧式期权 $C_{50}(S,t)$ 和 $P_{50}(S,t)$ 的图解，并加以解释。

4. 画出欧式期权异价跨式套利 $P_{90}(S,t) + C_{100}(S,t)$ 的图解。

5. 假设欧式看跌期权 $P_{40}(20) = 10$ 突然变成美式期权。请问是否存在套利机会并给出你的解释。

6. 假设欧式看跌期权 $P_{40}(20) = 30$ 突然变成美式期权。请问是否存在套利机会并给出你的解释。

7. 假设欧式看涨期权 $C_{80}(100) = 10$ 突然变成美式期权。请问是否存在套利机会？从盈亏的角度出发，给出你的答案。

8. 假设欧式看涨期权 $C_{80}(100) = 30$ 突然变成美式期权。请问是否存在套利机会？从盈亏的角度出发，给出你的答案。

9. 画出当 $t < T$ 时，美式期权 $C_{50}(S,t)$ 和 $P_{50}(S,t)$ 的图解，并解释每幅图解的含义。

10. 如果除了 S 之外其他变量均保持不变，画出 δ_C 和 δ_P 随 S 变化的图解。在绘图过程中，和 $C_E(S,t)$ 一样，首先计算当 $S \to 0$ 和 $S \to \infty$ 时曲线的渐进情况。然后，利用式（7-13）中所给出的 Γ 的符号。此外，需要注意当 $t \to T$ 时，Γ 的值（或者在现值 E 附近时 d_1 的值）如何在靠近 $S = E$ 时发生跳跃。对图解而言，这意味着什么？

11. 对市场而言，波动率的影响尤为重要。请画出 v [式（7-14）] 关于 S 的图解。

第 9 章 延 伸

金融的乐趣之一在于我们可以不断拓展与其相关的研究主题。但天下无不散之筵席，而本章作为最后的章节将会为全书画上最终的句号。作为最后的告别辞，本章将会强调书中所推导的那些强大工具所具有的普适性，具体体现在它们会以何种方式、在何种情况下用于解决其他问题。至此，作为读者的你应该已经能对市场中的一些问题做出部分解释。尽管在面对通货膨胀、环境污染等问题时，想要找出与之相应的合理解释仍然稍显困难，不过，一旦你知道如何回答这些问题，这就成为你的过人之处了。

谁能说得准呢？读者没准就会遇到以天气、污染或其他各种因素为标的的期权（这类期权的确存在；例如 [4, 7]！）。所以问题的关键在于真正理解如何进行对冲以及在何处会出现套利机会。在之前的章节中，对冲的一种重要组合形式是 $C_E(S,t) - \delta S$，其通过做空标的资产来对冲看涨期权。但面对污染、天气或其他标的对象时，我们总不能"做空"天气吧！因此，我们需要找到可以用以实现对冲的"替代品"。

▶ 9.1 债券

具体来看，以债券作为分析对象。首先请记住，债券是一项债务义务。例如，一所地方学校可能想建一个游泳池；公司可能需要一个新的工厂。为了支付这些昂贵的项目，需要借入的金额可能会超过银行愿意给出的贷款额度。因此，为了确保有足够的资金，这些机构会发行债券。债券的购买者相当于将资金借给该机构，即债券代表了机构的债务。在一个给定"期限（Maturity Date）" T 时，该机构必须偿还借入的金额，即债券的面值金额。

与银行中的存款收息或消费者在购置新房时为按揭贷款支付利息一样，机构在偿还债券时会定期支付利息。支付利息的一种方式是"固定利率"，即利率保持固定不变；另一种形式是"可变利率（variable rate）"，即利率会发生变化。在此，我们用 $B(r,t)$ 表示债券的价值，其中，r 为利率，t 为当前日期。

与期权和股票一样，债券可以在市场上进行交易。因此，确定一个债券 $B_1(r,t)$ 的当前价格是有意义的。第一种方法是模仿布莱克-斯科尔斯的方法，同时在债券市场内部和不同市场之间进行对冲。但这里存在一个问题：之前的对冲组合为 $V(S,t) - \delta S$，但对于债券而言，对以下组合进行对冲毫无意义：

$$B_1(r,t) - \delta r \tag{9-1}$$

你如何做空 2% 的利率？这就像要做空"2月2日"一样，就算科幻电影里说这一天会像"土拨鼠日"一样重复出现，我们也不可能对其做空。

解决这个难题的方法是使用替代品。就债券而言，我们可以去寻找受相同利率影响的其他事物。我们的选择包罗万象，例如我们可以选择具有不同期限的另一个债券 $B_2(r,t)$。通过这种选择与组合，我们构建的对冲组合 [此处的分析是为了找到 $B_1(r,t)$ 如何受到 r 值变化的影响] 为

$$f(r,t) = B_1(r,t) - \delta B_2(r,t) \tag{9-2}$$

该问题的另一个复杂之处在于如何处理利率的变化。我们可以先合理猜测：

$$\Delta r = \mu r \Delta t + \sigma r \Delta X, \quad \Delta X \sim N(0, \Delta t)$$

不过，如果你对上式进行了片刻的思考，你就会发现以上假设很糊涂。为什么利率（或者利率的随机波动）会与当前 r 的取值成比例呢？需要基于更详尽的研究，才能对当前产生的变化加以估计，在此我们不做展开。在这里，我们假设利率的变化为

$$\Delta r = g(r,t)\Delta t + h(r,t)\Delta X, \quad \Delta X \sim N(0, \Delta t) \tag{9-3}$$

在以上假设之下，运用伊藤引理（读者可将其推导作为一道习题）

$$\Delta f = \frac{\partial f}{\partial r}\Delta r + \frac{\partial f}{\partial t}\Delta t + \frac{h^2(r,t)}{2}\frac{\partial f^2}{\partial r^2}\Delta t \tag{9-4}$$

回到债券

借助式（9-4），我们可以处理式（9-2）的表达形式。即

$$\Delta f = \left[\frac{\partial B_1}{\partial r} - \delta \frac{\partial B_2}{\partial r}\right]\Delta r + \left[\frac{\partial B_1}{\partial t} - \delta \frac{\partial B_2}{\partial t}\right]\Delta t + \frac{h^2(r,t)}{2}\left[\frac{\partial^2 B_1}{\partial r^2} - \delta \frac{\partial^2 B_2}{\partial r^2}\right]$$

$$\tag{9-5}$$

首先，我们要消除显性风险。式（9-5）中唯一出现的具有随机性和风险的地方是 Δr 项中的 ΔX 部分。令其为 0，即

$$\delta = \frac{\partial B_1}{\partial r} \bigg/ \frac{\partial B_2}{\partial r} \tag{9-6}$$

上式描述了两个债券之间的对冲比率，可以将其视为两个特定债券之间的变动关系，同时其也可作为利率的代理变量。

虽然式（9-6）已经满足了我们的许多需求，我们自然而然地会好奇如何将债券价值与其他一般的金融工具价值进行比较，我们可以看看，如果将投资组合 $B_1(r,t) - \delta B_2$ 投资于其他市场测度会发生什么，并以此来对债券与其他市场工具的价值进行对比。你可能会问投资于什么市场？这就取决于读者自身了。你可以将它投资到给出不同利率的银行、期权市场或其他地方。这听上去真有趣！

9.2 股息和其他延伸

看涨期权或看跌期权的价值受额外收入的影响,例如股息(股息是公司向股东支付的钱,作为股东占公司利润的份额),尽管可以在指定的时间一次性支付股息总和,但这里考虑更简单的连续付息的情况。

为了进一步分析,令 $d^*S\Delta t$ 代表相对于股票价值进行校准后所给出的股息率。值得注意的是,之所以在 d^* 中加入星号上标,是为了确保 d^*S 被视为一个值、一个具体的数字,而不是对 S 的微分。

显然,这笔额外的资金流入将对下式中 Δt 的系数产生影响:

$$\Delta S = \mu S \Delta t + \sigma S \Delta X$$

想要直观地了解背后的原因,你可以将其与其他任何项目的价值变化进行类比,好比你的储蓄账户中的存款变化由表达式 $\Delta M = rM\Delta t$ 决定。该账户中的存款可能会增加[也许你的祖母利莲(Lilian)正在给你汇款],也可能会减少(例如你要支付大学贷款的费用),此时就得对该表达式进行调整。但是在这里,不进行调整也无关紧要,因为当我们计算 $\Delta_{\text{market}} \Pi = \Delta_{\text{market}}[C_E(S,t) - \delta S]$ 时,在定义适当的对冲比率 $\delta = \dfrac{\partial C_E(S,t)}{\partial S}$ 时,ΔS 项已经被省略了[例如,式(5-5),第 5 章习题 1]。回想之前的内容,我们这样做是为了消除由 ΔX 带来的显著风险。

但当我们计算 $\Delta_{\text{market}} \Pi = \Delta_{\text{market}}[C_E(S,t) - \delta S]$ 时,股息项不能被忽略。这是因为股息收益一定是流入的资金,因此它必须被包括在内。由此,我们得到 $\Delta_{\text{market}}[C_E(S,t) - \delta S] - \delta d^*S$。进一步解释,$\delta$ 的符号表明你是要做多还是做空。如果做多,$-\delta d^*S$ 是要获得的股息;如果做空,$-\delta d^*S$ 是损失的股利。在确定对冲比率 δ(去掉 ΔX 项)之后,我们得到

$$\Delta_{\text{market}} \Pi = \left[\frac{\partial C_E}{\partial t} + \frac{1}{2} \delta^2 S^2 \frac{\partial^2 C_E}{\partial S^2} - d^* S \frac{\partial C_E}{\partial S} \right] \Delta t$$

如果我们将所有Π存入银行，与市场进行对冲，结果也还是一样的。因此，考虑了连续付息（或任何基于资产的价值和数量的连续支付）的新布莱克-斯科尔斯方程有如下的表达形式：

$$\frac{\partial C_E}{\partial t} + \frac{1}{2} \delta^2 S^2 \frac{\partial^2 C_E}{\partial S^2} + (r - d^*) S \frac{\partial C_E}{\partial S} - r C_E = 0 \qquad (9\text{-}7)$$

这个表达形式与标准的布莱克-斯科尔斯方程相仿。

9.2.1 新的问题

式（9-7）与标准的布莱克-斯科尔斯方程之间的区别在于用系数 $(r - d^*)$ 代替了 r 项。我们的第一反应是能否通过一些数学上的技巧，将式（9-7）转换为式（6-4）、式（6-9）的解可以应用的表达式。要想这么做，我们就得找到某种方法，将式（9-7）中的 $-r C_E$ 项转换为 $-(r - d^*) C_E$。

如果我们这样做了，就需要在式（9-7）中加入一个额外的系数。一种数学上的技巧是通过定义以下关系，利用指数的性质和乘积法则从而确定该系数：

$$C_E = e^{g(T-t)} C_E^* \qquad (9\text{-}8)$$

式中，g 是未知常数。我们通过对 g 的选择来确定额外系数的取值。对 $C_E = e^{g(T-t)} C_E^*$ 使用乘积法则可以得到

$$\frac{\partial C_E}{\partial t} = \frac{\partial e^{g(T-t)} C_E^*}{\partial t} = -g\, e^{g(T-t)} C_E^* + e^{g(T-t)} \frac{\partial C_E^*}{\partial t} = e^{g(T-t)} \left[-g C_E^* + \frac{\partial C_E^*}{\partial t} \right]$$

式（9-7）中的所有偏导都是关于 S 而不是 t 的，所以可以将此因数 $e^{g(T-t)}$ 视为从偏导数中分解出来的常数。基于乘积法则，只有一阶偏导引入了带有我们想要求解的**额外系数** g 的额外项。由于所有的项都具有相同的 $e^{g(T-t)}$ 乘数，式（9-7）可以写成

$$e^{g(T-t)}\left[\frac{\partial C_E^*}{\partial t} + \frac{1}{2}\sigma^2\frac{\partial^2 C_E^*}{\partial S^2} + (r-d^*)S\frac{\partial C_E^*}{\partial S} - (r+g)C_E^*\right] = 0$$

将上式的两边同时除以$e^{g(T-t)}$。如果$g = -d^*$，那么剩下的部分则表现出布莱克-斯科尔斯方程的形式。因此，假定$g = -d^*$，则式（9-7）变为

$$\frac{\partial C_E^*}{\partial t} + \frac{1}{2}\sigma^2 S^2\frac{\partial^2 C_E^*}{\partial S^2} + (r-d^*)S\frac{\partial C_E^*}{\partial S} - (r-d^*)C_E^* = 0 \quad (9-9)$$

通过用"伪"利率（$r-d^*$）替换d_1和d_2表达式中的原始利率r，我们就可以得到结果。

换言之，

$$C_E^*(S,t) = SN(d_1^*) - Ee^{-(r-d^*)(T-t)}N(d_2^*) \quad (9-10)$$

其中

$$d_1^* = \frac{\ln\left(\frac{S}{Ee^{-(r-d^*)(T-t)}}\right)}{\sigma\sqrt{T-t}} + \frac{1}{2}\sigma\sqrt{T-t}, \quad d_2^* = \frac{\ln\left(\frac{S}{Ee^{-(r-d^*)(T-t)}}\right)}{\sigma\sqrt{T-t}} - \frac{1}{2}\sigma\sqrt{T-t}$$

$$(9-11)$$

9.2.2 找到解

在式（9-8）的基础上，上式给出了附带股息的看涨期权的解：

$$C_E(S,t) = \{e^{-d^*(T-t)}N(d_1^*)\}S - Ee^{-r(T-t)}N(d_2^*) \quad (9-12)$$

式中，d_1^*，d_2^*已经在上文给出了定义。

美式期权有一个有趣的特征。当画出欧式看涨期权（见8.1.1节）的图像时，我们会发现当没有股息时，$C_E(S,t)$值不会超过$y = \max(S-E,0)$。部分原因是对于较大的S值，S项的系数$N(d_1)$接近于1。这个特征表明，在欧式期权突然变成美式期权的情况下，不存在套利机会。

但是，对于较大的S值，式（9-12）中S项的系数近似等于$e^{g(T-t)}$，而$e^{g(T-t)} < 1$，意味着斜率小于1，因此式（9-12）的图像**势必**会与$y = $

$\max(S-E,0)$ 的图像相交。这时，美式期权会释放出套利机会。反过来，这意味着在与直线 $y = \max(S-E,0)$ 相交之前，美式期权的图像与欧式期权的图像一样[式（9-12）]，相交之后美式期权的图像与直线 $S-E$ 重叠（见图9-1）。(我们可以基于对市场行为预期的套利论据推断曲线没有图9-1b 中的弯折，但是在此我们忽略了这点细微区别。)

图9-1　股息

a) $y = C_E(S,t)$ 附有股息　b) 美式 $C_E(S,t)$

9.3　数值积分

另一个要讨论的主题基于现实（约束），我们通常不可能找到偏微分方程的解析解。因此，替代方案是找到数值解。如果你想充分理解这点，你需要进行完整的数值积分课程的学习，但接下来的内容会帮助你了解一些基本概念。下文（不太完整地）展示了泰勒级数的作用，并希望借此鼓励读者了解更多数值计算的有趣话题。

热传导方程

假设我们要找到以下问题的解：

$$\frac{\partial u(x,t)}{\partial t} = \frac{\partial^2 u}{\partial x^2} \tag{9-13}$$

给定边界条件，对于 $0 \leqslant x \leqslant 1$，$u(x,0) = x^2$，$u(0,t) = 0$，并且 $u(1,t) = 100$。

用文字进行表达，$u(x,0) = x^2$ 描述了时间为 0 时细棒在不同位置处的温度情况。在后续的时间中，细棒的一端被放置了一个冰块，即边界条件为 $u(0,t) = 0℃$，另一端则被放入沸水中，即 $u(1,t) = 100℃$。这些边界条件的含义对于我们的最终目的而言其实并不重要，但是以上设定对于解决问题而言是必需的。

使用导数和泰勒级数的定义，用离散的估计逼近代替式（9-13）。即

$$\frac{\partial u(x,t)}{\partial t} = \frac{u(x,t+k) - u(x,t)}{k} + o(k) \quad (9\text{-}14)$$

式中，$o(k)$ 表达式表示误差项远远小于 k。这意味着 k 的值越小，在丢掉 $o(k)$ 后获得的近似值越准确。

运用泰勒级数，我们可以找到 $\frac{\partial^2 u}{\partial x^2}$ 的表示方法。这里我们给出两个表达式：

$$u(x+h,t) - u(x,t) = \frac{\partial u(x,t)}{\partial x}h + \frac{1}{2}\frac{\partial^2 u(x,t)}{\partial x^2}h^2 + o(h^2) \quad (9\text{-}15)$$

用 $-h$ 替代 h，可得到第二种表达形式

$$u(x-h,t) - u(x,t) = \frac{\partial u(x,t)}{\partial x}(-h) + \frac{1}{2}\frac{\partial^2 u(x,t)}{\partial x^2}(-h)^2 + o(h^2)$$

$$(9\text{-}16)$$

将这两个方程相加（可以很好地抵消项 $\frac{\partial u}{\partial x}$）并除以 h^2，可以得到

$$\frac{\partial^2 u(x,t)}{\partial x^2} = \frac{1}{h^2}[u(x+h,t) - 2u(x,t) + u(x-h,t)] + o(1) \quad (9\text{-}17)$$

因此，$o(1)$ 部分表示随着 h 变为 0 而变为 0 的项。

使用式（9-14）、式（9-17），式（9-13）可以近似表示为

$$\frac{u(x,t+k) - u(x,t)}{k} = \frac{1}{h^2}[u(x+h,t) - 2u(x,t) + u(x-h,t)] + o(1) + o(k)$$

$$(9\text{-}18)$$

请记住，求解式（9-13）的目的是确定 u **在将来的状态**。为了实现

该目标，重写式（9-18）以强调未来的状态。当给出 u 在时刻 t 的相关信息时，我们就可以通过求解 $u(x, t+k)$ 获得在未来的 $t+k$ 时 u 的取值。

令 $\beta = \dfrac{k}{h^2}$，并且暂时忽略误差项 [$o(k)$ 等项]，我们想得到的表达为

$$u(x, t+k) \approx u(x, t) + \beta[u(x+h, t) - 2u(x, t) + u(x-h, t)] \quad (9\text{-}19)$$

这意味着 u 的未来取值 $u(x, t+k)$ 由当前 $u(x, t)$ 值决定，那么可以将式子调整为

$$\beta[u(x+h, t) - 2u(x, t) + u(x-h, t)]$$

为了使式（9-19）能够给出合理的答案，h、β、k 必须取较小的值（要求忽略误差项），它们的值越小，解越准确。

在已知 u 在 x 处的具体取值的情况下 [由 $u(x, t)$ 给出]，式（9-19）通过给出 $u(x, t+k)$ 的结果，确定了 u 在未来的 $t+k$ 时的状态，其中具体的情况由 $\beta[u(x+h, t) - 2u(x, t) + u(x-h, t)]$ 项进行调整。令人高兴的是，该表达式为我们提供了一些关于理解 $\dfrac{\partial^2 u}{\partial x^2}$ 如何影响解的启示。这是因为 $\dfrac{\partial^2 u}{\partial x^2}$ 的泰勒级数表达引入了调整项 $\beta[u(x+h, t) - 2u(x, t) + u(x-h, t)]$，调整项表明了该项是如何与邻域相结合的！通过使用式（9-19）指定的 $u(x, 0)$ 值的信息，该式描述了所有 x 值在 $u(x, k)$ 时发生的情况。并且，我们可以进一步针对 x 的不同值确定 $u(x+h, t)$ 的值。接下来，我们继续计算其他 x 值。

为了计算答案，如图 9-2 所示，我们画出了一个网格图，其中垂直线相隔 k 个单位，水平线相隔 h 个单位。最左边的垂线上的所有值（来自边界条件）表示 $t=0$ 的情况，取值由 $u(x, 0) = x^2$ 给出。我们的目的是找到 $u(x, k)$ 的值，即沿着下一条垂线的值。

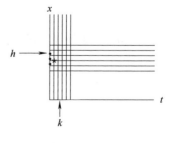

图 9-2　数值近似

举个例子，注意到在直线 $t=k$ 上有个星号（*），我们可以使用式（9-19）找到 u 在该点的取值，不过得先给出图中三个黑点在 $u(x,0)$ 的具体取值。如假设 $k=0.01$，$h=0.2$，那么 $\beta=\dfrac{k}{h^2}=\dfrac{0.01}{0.04}=\dfrac{1}{4}$。为了找到 $u\left(\dfrac{1}{2},0.01\right)$ 的值，将合适的 $u(x,0)$ 值代入式（9-19）。

$$u\left(\dfrac{1}{2},0.01\right)\approx u\left(\dfrac{1}{2},0\right)+\beta[u(x+h,t)-2u(x,t)+u(x-h,t)]$$

$$=0.5^2+\dfrac{1}{4}\times[(0.52)^2-2\times0.5^2+0.48^2]$$

为了计算 u 在星号正下方的点的取值，将三个圆点同时向下移动一级，然后再次使用之前的方法。通过这种方式，我们可以获得沿垂线 $t=k$ 上的所有 u 值。

一旦找到了 u 沿第一根垂线 $t=k$ 的值，使用相同的方法找到沿第二根垂线 $t=2k$ 的值。通过这种方式，我们可以找到近似解。（我们可以借助 Excel 编程完成。）

9.4 下一步是什么

本书在看跌期权、看涨期权、债券等金融问题方面提供了较为直观的介绍。我们的目标是向读者介绍相关工具和思维方式。如本章所述，一旦你理解了这些工具，你就可以将它们拓展到各种新的场景之下。

事实上，还有很多亟待探索与解决的问题。在整个过程中，我们都将注意力集中在一些用于创造工具、获得结果的基本假设上。这些假设大多数都是合理的，但基本只存在于理想环境中。这实际指出了一个需要进一步研究的领域。例如，从数学的角度来看，我们应该使用那些更接近现实的条件来代替独立同分布的假设。μ 和 σ 为常数的假设也需要替换为更一般的表示形式。

事实上，学者们在这一领域已经取得了许多成果，这意味着本书主要扮演一个"引路人"的角色。如果想要进一步深入研究该话题，我们鼓励读者提高自己在统计学、计算机科学以及几乎所有数学领域等方面的能力。

关于期权，有很多优秀书籍可供选择。例如，Cox 和 Rubinstein 编写的图书（参见参考文献，尽管它是在 20 世纪末出版的）颇有一些值得回顾的、有见地的观点。另一个标准的选择是 Hull 的教科书（参见参考文献），或者你还可以查阅本书最后的参考文献来看看还可以选择哪些书籍。

9.5 习题

1. 补充式（9-4）的细节。

2. 推导式（9-6）。

3. 确定了 δ 值后［式（9-6）］，假设要将式（9-5）与另一个市场中的投资做比较，这个市场由在一家拥有不同的利率 r^* 的银行投资给定。找到相关的布莱克-斯科尔斯方程。

4. 补充细节得出式（9-7）。

5. 证明如何得到式（9-10）。

6. 推导带有连续股息分红的美式期权图像的主要性质和详细信息。

7. 使用式（9-12）和看跌-看涨平价关系式找到式 $P_E(S,t)$ 的解。

8. 找到 $\dfrac{\partial u(x,t)}{\partial t} = 2\dfrac{\partial^2 u}{\partial x^2}$ 的式（9-19）的形式。

9. 找到 $\dfrac{\partial u(x,t)}{\partial t} = \dfrac{\partial^2 u}{\partial x^2} + \dfrac{\partial u}{\partial x}$ 的式（9-19）的形式。这个问题有很多

答案，取决于你如何表示 $\frac{\partial u}{\partial x}$。一种方法是使用得到式（9-17）的式（9-15）、式（9-16）方法，但现在要求你仅使用一阶导数项。这样做会使得

$$\frac{\partial u(x,t)}{\partial t} = \frac{\partial^2 u}{\partial x^2} + \frac{\partial u}{\partial x}$$

现在，问题的答案显而易见。

10. 现在尝试推导 $\frac{\partial u(x,t)}{\partial t} = 3\frac{\partial^2 u}{\partial x^2} + \frac{\partial u}{\partial x} - u$。

11. 推导式（9-19）的一个版本是

$$\frac{\partial C}{\partial \tau} = \frac{\sigma^2}{2}\frac{\partial^2 C}{\partial x^2} + \left(r - \frac{\sigma^2}{2}\right)\frac{\partial C}{\partial x} - rC \qquad (9\text{-}20)$$

注意，在使用变量 $t = -\tau$ 的变化并消除了可变系数之后，式（9-20）正好是布莱克-斯科尔斯方程式。尽管对大多数读者而言，热传导方程无足轻重，但式（9-20）绝对是重中之重。上述所有内容均适用于推导数值答案。

12. 对于上述热传导方程组，找到 $u(0.52,0.01)$ 的值。

13. 对于 $\frac{\partial u(x,t)}{\partial t} = \frac{\partial^2 u}{\partial x^2} + \frac{\partial u}{\partial x}$，利用上文相同的边界条件和推导出的近似值，求 $u\left(\frac{1}{2},0.01\right)$ 的值。

参 考 文 献

1. Black, F., and M. Scholes. 1973. The Pricing of Options and Corporate Liabilities. *Journal of Political Economy* 81: 637–654.
2. Cox, J., and M. Rubinstein. 1985. *Options Markets*. New Jersey: Prentice-Hall.
3. Doerr, C., N. Blenn, and T. Van Mieghem. 2013. Lognormal Infection Times of Online Information Spread. *PLoS ONE* 8(5): e64349.
4. Golden, L., M. Wang, and C. Yang. 2007. Handling Weather Related Risks Through the Financial Markets: Considerations of Credit Risk, Basis Risk, and Hedging. *Journal of Risk & Insurance,* 74: 319–346.
5. Grönholm, T., and A. Annila. 2007. Natural Distribution. *Mathematical Biosciences* 210: 659–667.
6. Hull, J. 2018. *Options, Futures, and Other Derivatives*. Tenth edition. London: Pearson Education.
7. Jewson, S., A. Brix, and C. Ziehmann. 2005. *Weather Derivatives Valuation: The Meteorological, Statistical, Financial and Mathematical Foundations*. Cambridge: Cambridge University Press.
8. Lessler, J., N.G. Reich, R. Brookmeyer, T.M. Perl, K.E. Nelson, D.A. Cummings. 2009. Incubation Periods of Acute Respiratory Viral Infections: A Systematic Review. *The Lancet Infectious Diseases* 9(5): 291–300. https://doi.org/10.1016/S1473-3099(09)70069-6.
9. Petravic, J., P. Ellenberg, M.-L. Chan, G. Paukovics, R. Smyth, J. Mak, and M. Davenport. 2013. Intracellular Dynamics of HIV Infection. *Journal of Virology* 88(2): 1113–1124. https://doi.org/10.1128/JVI.02038-13.
10. Preston, F. 1948. Commonness, and Rarity, of Species. *Ecology* 29: 254–283.